सुबह-सवेरे

सुबह-सवेरे

हरियश राय

वाणी प्रकाशन

वाणी प्रकाशन

4695, 21-ए, दरियागंज, नयी दिल्ली 110 002

शाखा

अशोक राजपथ, पटना 800 004

फ़ोन : +91 11 23273167 फ़ैक्स : +91 11 23275710

www.vaniprakashan.in
vaniprakashan@gmail.com
sales@vaniprakashan.in

SUBAH-SAVERE
by Hariyash Rai

ISBN : 978-93-5229-621-7
Collection of Stories

प्रथम संस्करण

मूल्य : ₹ 325

सिटी प्रेस, दिल्ली-110 095 में मुद्रित

वाणी प्रकाशन का लोगो मक़बूल फ़िदा हुसेन की कूची से

अनुक्रम

यह कैंसर ही तो है...	7
अन्न-जल	16
आमची मुम्बई	27
भीमा का संकल्प	35
भँवर में...	40
ऐसे माहौल में...	50
जिद हो तो ऐसी	63
भूत-प्रेत	75
तुम तो ऐसे न थे...	80
सीख	90
अँगूठी	103
कबूतर और कबूतर	109
सुबह-सवेरे	116
हिसाब-किताब	126

यह कैंसर ही तो है...

राजन मेहरा बहुत खुश लग रहे थे। ऐसी खुशी की ही कल्पना उन्होंने की थी। उन्हें लग रहा था इसके बाद उनका जीवन शान्ति से गुजरेगा। एक अर्से से वे दौड़-धूप कर रहे थे, लेकिन जैसा वह चाहते थे वैसा हो नहीं पा रहा था। हर बार कोई न कोई अड़चन, कोई न कोई परेशानी, कोई न कोई बात उनके सामने किसी अवधूत की तरह आ जाती। नतीजन उन्हें अपना इरादा बदलना पड़ता था। या तो उन्हें ऐसी कोई बात पता चल जाती जिसकी वजह से उन्हें पीछे हटना पड़ता या पत्नी सुधा के मन में कोई बात आ जाती। यदि ऐसा न होता तो बेटी अस्मिता ही अड़ जाती। इस सबका परिणाम यह होता कि जहाँ बात बनती दिखाई भी देती, वहाँ बनती नहीं थी। पर इस बार ऐसा कुछ नहीं हुआ। इस बार कहीं से कोई ऐसी-वैसी बात का पता नहीं चला। स्वयं उनके मन में कोई शंका नहीं जगी, सुधा के मन में भी कोई ऐसी-वैसी बात नहीं आई, जिससे बात न बनने के आसार हों। और तो और, अस्मिता भी राजी हो गयी। उसने केवल इतना कहा कि एक बार वह रमेश से अलग से मिलना चाहती है।

दरअसल राजन मेहरा एक अर्से से अपनी बेटी अस्मिता के लिए कोई लड़का ढूँढ रहे थे जो कि उन्हें मिल नहीं रहा था। इसका उन्हें अन्दाजा नहीं था कि लड़का ढूँढने में उन्हें पहाड़ जैसी दिक्कतों का सामना करना पड़ेगा, इतने पापड़ बेलने पड़ेंगे, इतना लम्बा इन्तजार करना पड़ेगा। वे तो सोच रहे थे कि अस्मिता पढ़ी-लिखी है, यूनिसेफ में काम करती है, अच्छा-खासा कमाती है, उसके लिए तो लड़कों की लाइन लग जायेगी। लेकिन ऐसा हो नहीं पाया। रिश्ते तो बहुत आये लेकिन अस्मिता के लायक कोई रिश्ता उन्हें नहीं लगा था। किसी लड़के की नजर अस्मिता की नौकरी पर रहती, तो किसी की नजर उसकी कम्पनी से मिलने वाली सुख-सुविधाओं पर रहती। कुल मिलाकर बात बन नहीं रही थी। इधर अस्मिता की उम्र बढ़ रही थी, उधर राजन मेहरा की चिन्ता का पहाड़ बड़ा हो रहा था।

अस्मिता जब ठीक-ठाक लगने वाले रिश्ते को भी मना कर देती तो राजन मेहरा की खीझ और भी बढ़ जाती। अस्मिता को समझाने के अन्दाज में कहते, "शादी-ब्याह के मामले में कुछ न कुछ तो अनदेखा करना पड़ता है।"

पर अस्मिता उनके इस तर्क को सिरे से खारिज करते हुए कहती, "क्यों अनदेखा करना पड़ता है। ऐसी कौन-सी मजबूरी है जो देख कर भी न देखा जाये।"

"पर बेटा, ज्यादा उम्र होने पर अच्छे लड़के नहीं मिलते।" वे अपना तर्क देते।

पर अस्मिता के भी अपने तर्क थे। उसका मानना था जब तक उसे अपनी पसन्द और सोच का लड़का नहीं मिलता, वह महज शादी करने के लिए किसी से शादी नहीं करेगी।

हालाँकि उन्होंने ही अस्मिता के मन में यह धारणा बिठाई थी कि अपने विवेक के अनुसार ही शादी करने के लिए सहमति देना। मेरी ओर से कोई बाध्यता नहीं होगी। न जाने कितनी बार उन्होंने अस्मिता को गौतम बुद्ध की बात बताई थी कि कोई बात सिर्फ इसलिए मत मान लेना कि बुद्ध ने कही थी। स्वयं सोचना, अपना दीपक आप बनना। अप्पो दीपो भवः। वे अस्मिता के हर निर्णय का सम्मान करते थे, चाहे विदेश में जाकर पढ़ने का निर्णय हो, चाहे नौकरी करने का फैसला हो। अब शादी का निर्णय करने का पूरा अधिकार भी उन्होंने अस्मिता को दिया हुआ था। पर कभी-कभी परेशानी में वे इस तरह की बातें कह जाते। लेकिन फौरन ही अपनी बात को दुरुस्त कर लेते और अस्मिता के निर्णय पर अपनी सहमति जताते।

"तो न मिले। आखिर किरण देसाई, ऋतु डालमिया, जोया अख्तर, ममता बैनर्जी ने कौन-सी शादी की है। क्या उनका जीवन ठीक से नहीं चल रहा है? आज उनका नाम है। पूरी सोसायटी को उन पर फक्र है। लोग उनकी इज्जत करते हैं।" वह तर्क देती।

अस्मिता के इस तर्क का कोई जवाब राजन मेहरा के पास नहीं था, लेकिन वे मन मसोस कर रह जाते थे।

लम्बी साधना के बाद राजन मेहरा को रमेश का परिवार मिला था। किसी सम्बन्धी ने उन्हें मिलवाया था। अस्मिता भी रमेश से मिल चुकी थी। थोड़ी बातचीत भी हो चुकी थी। रमेश आईआईएम से एमबीए करके मुम्बई की किसी कम्पनी में वाइस प्रेसीडेंट था। अच्छी-खासी तनख़ाह थी। बड़ा-सा फ्लैट था मुम्बई में उसके पास। गोरा रंग, मझोला कद, छोटी-छोटी मूँछें, घुँघराले बाल। अस्मिता के स्टेटस का था। सीधा-सादा, सरल स्वभाव का लड़का लगा था रमेश। रमेश के माँ-बाप भी पढ़े-लिखे थे। यह परिवार राजन मेहरा को अपनी रुचि के अनुकूल

लगा था। उनकी पत्नी सुधा को भी यह रिश्ता ठीक-ठाक लग रहा था। रमेश बातचीत में भी ठीक लग रहा था—नम्र, शालीन।

राजीव और सुधा दोनों को पहली नजर में रमेश भा सा गया था।

बातचीत के दौरान सहसा उनकी नजर रमेश के हाथों की ओर गयी। उसके हाथ की चारों उँगलियों में अँगूठियाँ थीं। हाथ में चार अँगूठियाँ देखकर उन्हें थोड़ी हैरानी हुई। सोचने लगे कि इतनी सारी अँगूठियाँ क्यों पहनी हैं। पहले सोचा, हो सकता है कि यह अँगूठियाँ शौकिया तौर पर पहनी हों। आजकल के लड़के इस तरह का फैशन खूब करते हैं, कभी हाथ में कोई रंगीन धागा बाँध लेते हैं, कभी कानों में बालियाँ पहन लेते हैं। फिर सोचा, कुछ और बात भी हो सकती है।

"अँगूठियाँ तुमने बहुत पहनी हैं।" आखिरकार संकोच करते हुए उन्होंने रमेश से कहा।

"हाँ अंकल..." रमेश ने सहजता से जवाब दिया।

"सिर्फ फैशन है या कुछ और है..."

"नहीं अंकल, फैशन नहीं है। मैं मानता बहुत हूँ।" रमेश ने गर्व से जवाब दिया।

"अच्छा...अच्छा..." राजन मेहरा ने हैरानी व्यक्त की। गोया उन्हें ज्ञान का खजाना मिल गया हो। फिर पूछा, "इन अँगूठियों में हरे-नीले रंग के कौन से पत्थर हैं।"

"ये पत्थर नहीं, रत्न हैं अंकल! अलग-अलग जगहों से मँगाये है मैंने।" रमेश ने कहा।

"अच्छा,...अलग-अलग जगहों से मँगाये हैं। यह क्या है जो आपने छोटी उँगली में पहना हुआ है?" राजीव मेहरा ने रमेश से पूछा।

"यह..." रमेश ने अपनी छोटी उँगली की ओर देखते हुए कहा, "यह माणिक है।"

"माणिक मतलब..." राजन मेहरा ने माणिक पहनने का मतलब जानना चाहा।

"इसे पहनने से सूर्य प्रबल होता है और जब सूर्य प्रबल होता है तो सारे अशुभ ग्रह अपने आप शान्त हो जाते हैं।" रमेश ने अपनी अँगूठी राजन मेहरा को दिखाते हुए गर्व से जवाब दिया।

"ओह...यह तो बहुत अच्छी बात है। ग्रहों का शान्त होना बहुत जरूरी है और इस अँगूठी में क्या है।" उन्होंने दूसरी उँगली की तरफ संकेत करते हुए कहा।

"इसमें नीलम है।" रमेश ने बताया।

"नीलम तो बहुत लोग पहनते हैं।" उनकी दिलचस्पी इन सबके बारे में जान लेने की थी।

"हाँ अंकल, अब बहुत लोग पहनते हैं। पर किसी को भाता है, किसी को नहीं।

"तो आपको भाया क्या?"

"हाँ, मुझे पहनने से तो बहुत लाभ हुआ है कम्पनी में। मेरा मान-सम्मान बहुत बढ़ गया।" रमेश ने बताया।

"हाँ मान-सम्मान से जीना तो हर कोई चाहता है। यह तो बहुत अच्छी बात है।" उन्होंने कहा।

"और इस अँगूठी में हरे रंग का क्या है।" राजन मेहरा ने एक अन्य अँगूठी की ओर संकेत करते हुए कहा

"इसमें तो पन्ना है। मैंने खास एक ज्योतिषी से पूजा करवाकर इस अँगूठी में लगवाया है।" रमेश ने कहा।

"पन्ना...और वह भी पूजा करवाकर। तो इससे क्या फायदा होता है?" उनकी हैरानी बढ़ती जा रही थी।

"इससे दिमाग तेज होता है।" रमेश ने कहा।

"कब से पहन रहे हो यह पन्ना।" उन्होंने जानना चाहा।

"मैं जब मैनेजमेंट इंस्टीट्यूट में था, तभी से।" रमेश ने कहा।

"तभी आपका दिमाग इतना तेज है।" उन्होंने रमेश की बात का समर्थन किया।

"और इसमें..." राजन मेहरा ने चौथी अँगूठी की ओर इशारा करते हुए कहा।

"इसमें पुखराज है..." उसने बताया

"पुखराज..." पुखराज का नाम सुनते ही राजन मेहरा आश्चर्य से भर उठे।

"पुखराज तो बहुत लाभकारी होता है।" उन्होंने कहा

"हाँ, गुणकारी ही है, धन का स्वामी कहते हैं इसे।" उसने हँसते हुए जवाब दिया।

इतनी सारी अँगूठियाँ हाथ में देखकर उन्हें कुछ अजीब सा लगा था। बस अँगूठियों के सिवाय रमेश उन्हें अपनी रुचि के अनुकूल लगा। स्मार्ट, शालीन, पढ़ा-लिखा, ऊँचे ओहदे वाला। उन्हें यह भी लग रहा था कि रमेश अस्मिता को जरूर पसन्द आयेगा और उनका खोज अभियान पूरा हो जायेगा।

जब इस रिश्ते के बारे में राजन मेहरा ने अपनी पत्नी सुधा से सलाह-मशविरा किया तो उनकी पत्नी सुधा ने कहा, "बाकी सब तो ठीक है, लेकिन लगता है रमेश ज्योतिष वगैरह में बहुत यकीन करता है।"

"करता तो है ही। यह तो उसकी बातचीत से पता चल गया था। तुमने देखा नहीं उसने गले में रुद्राक्ष की माला भी पहनी हुई थी।" उन्होंने कहा।

"हाँ, देखा था। आजकल माहौल कुछ ऐसा हो गया है कि हर आदमी इन चीजों पर बहुत यकीन करने लगा है।" सुधा ने कहा।

"पर पहले ऐसा नहीं था।" उन्होंने कहा।

"इधर पिछले कुछ सालों से ऐसा माहौल बना कि लोग बाबाओं, ज्योतिषियों के पास ज्यादा जाने लगे हैं।" सुधा ने कहा।

"हाँ, वो तो है। एक अजीब-सा डर लोगों के मन में समाया हुआ है।" राजन ने कहा।

"डर..."

"हाँ, डर...यही कि जो कुछ है वह कहीं छिन न जाये या जो कुछ है उससे थोड़ा और ज्यादा मिले और यह डर लगातार किसी कैंसर की तरह फैल रहा है।" राजन ने कहा।

राजन मेहरा और सुधा की यही राय बनी कि यदि अस्मिता को भी रमेश ठीक लगता है तो आगे बात बढ़ाई जा सकती है। राजन मेहरा ने इस बारे में जब अस्मिता की राय जानना चाही तो उसने कहा कि फैसला करने से पहले वह रमेश से एक बार मिलना चाहती है।

"जरूर मिलो।" यही तो वे चाहते थे कि अस्मिता हमेशा की तरह इस बारे में भी फैसला अपने विवेक के अनुसार करे।

राजन मेहरा ने जब रमेश के पिता से फोन पर यह कहा कि अस्मिता एक बार रमेश से मिलना चाहती है अलग से। तो उन्होंने तुरन्त कहा, "जरूर मिले, जब चाहे तब मिले। एक बार नहीं जितनी बार चाहे, उतनी बार मिले।"

"अब हमारा जमाना तो रहा नहीं कि एक मुलाकात में शादी-ब्याह का फैसला कर लें। अब तो बच्चों के हिसाब से चलना पड़ता है।" राजन मेहरा ने कहा।

"चलना भी चाहिए, आखिर उन दोनों ने सारा जीवन एक साथ गुजारना है।" रमेश के पिता ने कहा।

"अब हमारे जमाने की बात तो रही नहीं कि माँ-बाप ने जहाँ कहा, वहीं शादी के लिए हाँ कर दी। अब तो नये जमाने के लोग हैं। जब तक एक दूसरे को अच्छी तरह से जान न लें तब तक शादी के लिए तैयार नहीं होते। नयी पीढ़ी है। इनकी सोच अलग है।" उन्होंने कहा।

"वो तो है। हमें भी इनके साथ चलना चाहिए।" राजन मेहरा ने कहा।

राजन मेहरा को यकीन था कि अस्मिता रमेश को पसन्द जरूर करेगी और अस्मिता का रिश्ता इसी परिवार में हो जायेगा।

कुछ दिन बाद राजन मेहरा ने अस्मिता से पूछा, "तुम्हारी रमेश से मुलाकात हुई।"

"नहीं हुई।" अस्मिता ने जवाब दिया।

"क्यों..., क्यों नहीं हुई।" उन्होंने फिर पूछा।

"मैंने एक-दो बार फोन किया, तो हर बार यही जवाब मिला कि अभी वह आउट ऑफ स्टेशन है।" अस्मिता ने बताया।

"कब आयेगा वापस।" उन्होंने पूछा।

"पता नहीं", अस्मिता ने बेफिक्री से कहा।

"तुमने पूछा नहीं, कब आयेगा वापस।" उनकी उत्कंठा बढ़ गयी थी।

"पूछा था। कहने लगा कि उसकी कम्पनी में काम बहुत ज्यादा है। खत्म करना है। एक-दो दिन में जब वापस आयेगा तो खुद ही फोन कर लेगा।" अस्मिता ने कहा।

राजन मेहरा के मन में एक आशंका-सी समा गयी थी। कहीं ऐसा तो नहीं कि रमेश का मन बदल गया हो। वे कुछ कुछ परेशान से हो गये थे।

पर यह परेशानी ज्यादा देर तक नहीं रही।

दो दिन बाद आफिस जाते वक्त अस्मिता ने कहा, "पापा, आज रमेश का फोन आया था। शाम को उससे मिलना है।"

खुश हो गये वह सुनकर। उन्हें पक्का यकीन हो गया कि रमेश का मन नहीं बदला है। कई दिनों से जो सवाल उनके मन में घुमड़ रहे थे, वे एकाएक शान्त हो गये।

"जरूर मिलो, पूरी तसल्ली कर लो, फिर बात आगे बढ़ायें।" उन्होंने खुश होकर कहा।

दिन-भर राजन मेहरा उधेड़बुन में लगे रहे। उन्हें पूरी उम्मीद थी कि अस्मिता को लड़का पसन्द आयेगा। उन्होंने मन ही मन शादी की तैयारियों की पूरी कल्पना भी कर ली थी। शादी किस जगह करनी है? कैसे करनी है? किन-किन लोगों को शादी में बुलाया जाना है? इस बारे में सोचने लगे थे। अपने ही घर में वह सारा दिन टहलते रहे। किसी काम में उनका मन नहीं लग रहा था। अस्मिता के आने का इन्तजार कर रहे थे। ज्यों-ज्यों शाम हो रही थी, त्यों-त्यों उनके दिल की धड़कन बढ़ रही थी। पता नहीं क्यों उन्हें यह खटका भी हो रहा था कि कहीं अस्मिता इस रिश्ते को मना न कर दे। कुछ लमहों के लिए उनके मन में यह ख्याल भी आता कि खामखाह उन्होंने अस्मिता को इतना पढ़ाया-लिखाया। विदेश से एमबीए की डिग्री दिलाई। यदि वे उसे इतना आगे नहीं बढ़ाते तो उसकी शादी में इतनी परेशानियाँ न उठानी पड़तीं। एक तो यूनिसेफ में ऊँचे ओहदे वाली नौकरी और फिर उसके ओहदे के अनुरूप लड़का ढूँढ़ना किसी पहाड़ तोड़ने से कम नहीं था।

रात को काफी देर से अस्मिता वापस आयी। थकी-थकी। वे उसी का इन्तजार कर रहे थे। उसे देखकर दुविधा में पड़ गये कि उससे रमेश की मुलाकात के बारे में कुछ पूछें या न पूछें। पहले सोचा कि अस्मिता अपने आप ही कुछ बता दे, लेकिन जब अस्मिता ने कुछ नहीं बताया तो उन्होंने पूछ ही लिया, "रमेश से मिली थी।"

"हाँ मिली थी।" अस्मिता ने ठंडेपन से कहा।

अस्मिता का ठंडापन देखकर वे थोड़ा घबरा-से गये। मन में एक आशंका जन्म लेने लगी।

"क्या बात हुई, पसन्द नहीं आया रमेश?" उन्होंने घबराते मन से पूछा।

"कुछ खास नहीं लगा।" अस्मिता ने धीरे से जवाब दिया।

बुझ गये वे अस्मिता के जवाब से। लगा कि कहीं फिर से उनकी सारी कोशिशें बेकार न साबित हो जाएँ।

"क्यों, आखिर क्या बात हुई।" उन्होंने जानना चाहा।

"आपको पता है पापा! वह हर सोमवार को उपवास रखता है।"

सुनकर हैरान रह गये, कुछ लमहों के लिए चुप हो गये। वे धीरे से बोले, "उपवास रखना तो अच्छी बात है। इससे सेहत भी ठीक रहती है।''

"लेकिन वह सेहत ठीक रखने के लिहाज से उपवास नहीं रखता बल्कि शंकर भगवान को खुश रखने के लिहाज से उपवास रखता है। और तो और हर सोमवार को मन्दिर जाकर पूजा वगैरह भी करता है।" अस्मिता की आवाज में हिकारत का भाव था।

"उसने बताया कि वह हर सोमवार सुबह चार बजे उठ जाता है। पूरे घर में गंगा जल छिड़कता है और फिर नहाने के बाद मन्दिर जाता है।" अस्मिता की आवाज में थोड़ा गुस्सा-सा समा रहा था।

"अच्छा...." राजन मेहरा ने हैरानी से कहा।

"और तो और, वह साल में दो बार बालाजी के दर्शन करने जाता है। मैंने पूछा, 'क्यों जाते हो हर साल वहाँ' तो कहने लगा, वहाँ जाने से सारे काम अपने आप हो जाते हैं। हर साल अपने बाल भी वहाँ देकर आता है।" अस्मिता ने बताया।

"यानी कि मुंडन...और बाला जी में...और वह भी हर साल!" राजन मेहरा की हैरानी बढ़ती जा रही थी।

अस्मिता का बताना जारी रहा।

"मैंने पूछा हर साल क्यों जाते हो, तो कहने लगा–जब भी मुझे कम्पनी

से कोई न कोई फायदा होता है तो मैं जरूर जाता हूँ। और जब मैंने कहा कि तुम्हारे काम से ही तो तुम्हारा सी.ई.ओ. खुश होता होगा, तभी तो तुम्हें कोई न कोई फायदा मिलता होगा, तो कहने लगा मैं तो केवल निमित्त हूँ, फायदा तो बाला जी देते हैं।"

बड़ा अजीब लड़का है। राजन मेहरा सोचने लगे। इतना पढ-लिख जाने के बाद भी इस तरह की बातें।

"कब से करते हो यह सब, जब मैंने पूछा तो कहने लगा कि जब मैं मैनेजमेंट में पढ़ता था तब से मैं वहाँ जाता हूँ। और तो और, गले में उसने रुद्राक्ष की माला भी पहनी हुई थी।" यह सब बताकर अस्मिता ख़ामोश हो गयी।

"पर बाकी सब तो ठीक है?" राजीव मेहरा ने अस्मिता की राय जानना चाही।

"क्या ठीक है पापा! पता है आपको वह हर रविवार राधास्वामी के सत्संग में जाता है और वह अकेला ही नहीं जाता, पूरा का पूरा परिवार जाता है और कहता है शादी के बाद मुझे भी ले चलेगा वहाँ. बड़ी शान्ति मिलती है वहाँ पर।"

हैरान रह गये राजन मेहरा अस्मिता से यह सब जानकर। इतना पढ़ने-लिखने के बाद सत्संग करना, अपनी हर सफलता के लिए बाला जी जाकर मुंडन करवाना, अँगूठियाँ पहनना, उन्हें बड़ा अजीब-सा लग रहा था।

"तुमने पूछा नहीं कि यही सब करना था तो यह सब पढ़ाई-लिखाई क्यों की।" उन्होंने अस्मिता से कहा।

"पूछा था मैंने।"

"फिर...क्या कहा उसने।"

"कहने लगा पढ़ाई-लिखाई अलग बात है। यह सब अलग बात है। इन चीजों में बहुत शक्ति है।''

"जब मैंने पूछा अलग बात क्या है? तुम्हारी तरक्की से, तुम्हारे मुंडन का और अँगूठियाँ पहनने का क्या ताल्लुक है, तो कहने लगा, यह तो आस्था का सवाल है। यह तो हमारी परम्परा है। हमारे पूर्वजों द्वारा बनाई गयी परम्परा। आखिर उस परम्परा के वारिस तो हम ही हैं न। हमें ही तो इस परम्परा को आगे ले जाना है।"

कहकर अस्मिता चुप हो गयी। राजन मेहरा की समझ में नहीं आ रहा था कि वे क्या जवाब दें। कुछ देर बार अस्मिता ने कहा, "पापा, मुझे लगता है उसे कैंसर है...कैंसर।"

अस्मिता से यह सुनकर राजन मेहरा को लगा कि उन्हें किसी ने तपती जमीन पर पटक दिया है। जहाँ वह छटपटा रहे हैं। वह जमीन इतनी गर्म थी कि

उसकी गरमाहट में उन्हें कुछ सूझ नहीं रहा था कि वह क्या कहें और क्या करें।

"कैंसर...यह तो उसने नहीं बताया कि उसे कैंसर है।"

"उसने नहीं बताया तो क्या हुआ पापा, पर जो कुछ उसने मुझे बताया वह कैंसर ही है। आज के ज़माने में चार-चार उँगलियों में पंडितों से सिद्ध करवाकर अँगूठियाँ पहनना, बार-बार मन्दिर में मुंडन करवाना, सत्संगों में जाना यह कैंसर के लक्षण नहीं हैं तो क्या है। अब कैंसर से अधिक कोई और जानलेवा बीमारी हो सकती है। अब आप ही बताइये कि इस तरह के कैंसर वाले रोगी के साथ कोई कैसे जीवन भर रह सकता है।" अस्मिता की आवाज में एक क्षोभ था।

राजन मेहरा के पास अस्मिता की इस बात का कोई जवाब नहीं था...

अन्न-जल

यदि भयानक तूफान से ऐसा होता, तो भी हरि सिंह चौधरी संतोष कर लेते, यदि भूकम्प में उनके खेतों की जमीन धंस जाती, तब भी वे उफ तक न करते और खुदा का खौफ मानकर सब्र कर लेते। यदि सूखे से जमीन दरक जाती तो भी अपने मन को किसी न किसी तरह मना लेते। पर ऐसा हुआ नहीं। सारा जीवन खेतों में बीता, गर्मी, सर्दी, बारिश हर मौसम में खेतों को सींचा, अपना पसीना बहाया, जो मन में आया, वही किया। कभी किसी की बात नहीं मानी। पर अब जिन्दगी के इस पड़ाव में अपनों की ही बातों में आकर वह यह कदम उठा बैठे। हालाँकि उनकी पत्नी ने भी शुरू-शुरू में मना किया था पर पता नहीं क्यों, वह भी बेटों के झाँसे में आ गयी। अब चाहे हरि सिंह चौधरी जितना भी रोएँ, आँसुओं के चाहे जितने दरिया बहा दें, बेटों को चाहे जितना भी दोष दें, पर सच तो यह है कि सहमति तो उनकी अपनी भी थी। लालच तो उन्हें भी आ ही गया था, सपने तो उन्होंने भी देखने शुरू कर दिये थे। हाँ, यदि अपने बेटों और बहुओं को जोर से डाँट देते, अड़ जाते अपनी बात पर, जैसा कि वे हमेशा से अड़ते आये थे, तब ऐसा नहीं होता। तब वे मजे से अपने खेतों में अपनी जिन्दगी के दिन गुजार रहे होते। मजे से धान काट रहे होते, मजे से खेतों में सब्जियाँ बोते, मजे से गायों, भैंसों का दूध निकालते, खुद भी पीते और मंडी में भी बेचते और जीवन के आखिरी दिनों में घर के खुले आँगन में नीम के पेड़ के नीचे बैठकर सुबह-शाम हुक्का गुड़गुड़ा रहे होते। पर ऐसा हो नहीं सका। हुआ कुछ और ही।

हरि सिंह चौधरी भोर में ही अपने घर से निकलकर नाथुपुर इलाके के चारों ओर रोज चक्कर काटते और थक कर बाग में जाकर बैठ जाते। आज नाथुपुर के इलाक़े में चक्कर काटते समय उनके दिमाग में ढेर सारे ख्याल हिलोरें ले रहे थे। एक ख्याल जाता तो दूसरा आता। कुछ साल पहले तक चारों ओर खेत ही खेत थे। अपने खेतों में वे धान बोया करते थे। अब खेत गायब हो गये थे। उनकी जगह बड़ी-बड़ी कोठियाँ बन गयी थीं। बड़ी-बड़ी सड़कें, स्कूल, बाजार,

अस्पताल, फ्लाई ओवर, पता नहीं क्या-क्या बन गया था यहाँ। इस इलाके को देखकर हैरान रह जाते—क्या था यह इलाका, क्या हो गया। कैसे चारों तरफ ऊँची-ऊँची इमारतें बन गयीं और देखते ही देखते जिन पगडंडियों पर कभी गायों का झुंड धूल उड़ाता चलता था, वहाँ सड़कें बन गयीं और उन पर लम्बी-लम्बी कारें चलने लगीं। देखते ही देखते गाँव के लड़के कारों को तेज रफ्तार से चलाने लगे। जगह-जगह दारू के अड्डे खुल गये।

कल रात उन्होंने एक अजीब-सा सपना देखा। उन्होंने देखा कि उनके खेत में तरह-तरह के साँप डोल रहे हैं। छोटे-बड़े, काले, भूरे। फुफकार भरते। सारे साँप धीरे-धीरे रेंगते उनके सीने पर चढ़ गये और उनकी छाती पर फन फैलाकर उनकी ओर देख रहे हैं। उन्होंने तकिये से साँपों को छाती से हटाना चाहा तो नींद एकदम खुल गयी। एक दम घबरा गये। पास में सो रही पत्नी को उठाया।

"क्या बात सै इत्ती रात। तबियत तो ठीक है।" पत्नी ने उनकी घबराहट देखकर पूछा।

"हाँ, तबियत तो ठीक है, पण।" कहते-कहते वे थोड़ा रुक गये।

"पण सू..." पत्नी ने पूछा।

"एक सपणा देखा मैंने, डरावणा-सा।" उनका डर अभी भी बरकरार था।

"के देख लियो तन्नै?" पत्नी ने पूछा।

उन्होंने पत्नी को अपना सपना बता दिया।

पत्नी ने कहा, "बावला हो गया है के। ईब खेत कियाँ सै। तन्नै तो पैल्ले ही बेच दिये। ईब साँप कहाँ से आ लिए। सो जा और मणे बी सोण दे।" कहकर पत्नी फिर से सो गयी।

पर हरि सिंह सो न सके। भोर होते ही लाठी उठाकर घर से बाहर आ गये।

नवम्बर का महीना था, पर गर्मी अब भी थी। हवा में ठंडक बिलकुल भी न थी। याद करता है हरि सिंह अपने बचपन को, जब नवम्बर महीने में कड़ाके की ठंड पड़ती थी। रजाइयाँ निकल आती थीं नवम्बर में ही। धूप में बैठते थे सारा दिन और शाम होते ही घुस जाते थे रजाइयों में। पता नहीं वे दिन कहाँ चले गये। हरि सिंह ने देखा कि सामने से एक औरत आ रही है। नीले रंग का घाघरा और जेब वाली सफेद रंग की कुर्ती पहने, सर पे ओढ़नी, हाथ और पैरों में दो बड़े-बड़े कड़े। चालीस-पैंतालीस साल की उम्र रही होगी उसकी।

"राम-राम काका।" उस औरत ने कहा।

"राम-राम बेटी, राम-राम। आज सबेरे-सबेरे कित्त जा रई सै।" हरि सिंह ने पूछा।

"भैंस ढूँढ़ रही हूँ, पता नहीं कटे चली गयी, दूध दोन्ने का टैम हो गया सै।" उसने कहा।

उन्हें याद आया कि कुछ साल पहले तक वह भी भैंस चराते थे इस इलाके में। पर अब सब खत्म हो गया।

"देख बाग के परली तरफ गयी होग्गी। उधर खुली जगह सै।" हरि सिंह ने कहा।

"हाँ, उधर ही जा रही सूँ काका।" उसने कहा।

हरि सिंह पहचानते थे इस औरत को। गाँव के किसान नरबीर सिंह की बहू थी। अक्सर सुबह-सुबह उसे मिल जाती थी, अपनी भैंसों को ढूँढ़ती।

हरि सिंह चौधरी धीरे-धीरे लाठी टेकते बाग के अन्दर आ गये। बाग के अन्दर आकर उन्होंने अपने आप को तरोताजा महसूस किया। यह जवानी का अवशेष ही था जो इस उम्र में भी उनसे रोज सवेरे अपने इलाक़े की सैर करवाता। वे बाग के पेड़-पौधों को टुकर-टुकर देखते हुए धीरे-धीरे चलकर एक बैंच पर आकर बैठ गये। अपनी लाठी को उन्होंने बैंच के एक कोने में रख दिया और अपने अँगोछे से माथे पर आयी पसीने की बूँदों को पोंछने लगे।

करीब सत्तर साल की उम्र रही होगी हरि सिंह चौधरी की। सफेद धोती, सफेद कुर्ता पहने, सर पर पगड़ी बाँधे, पाँवों में काले मटमैले जूते पहने। हाथ में लाठी लेकर वह रोज आस-पास के पाँच-छह किलोमीटर के इलाक़े का चक्कर लगाते और जब थक जाते तो इस बाग में आकर बैठ जाते। यह उनका रोज का सिलसिला था। रोज पक्षियों की चहचहाहट शुरू होने से पहले ही वे इस बाग में आ जाया करते। बाग में बैठकर उगते हुए सूरज की लाल रोशनी को देखना उन्हें बहुत अच्छा लगता। सुबह का उजाला होना अभी बाकी था। हरि सिंह चौधरी सुबह सुबह बाग में बैठ कर पेड़ों के ऊपर के आकाश को किसी दार्शनिक की तरह देख रहे थे। गोया तलाश कर रहे हों कि अभी भी इस इलाक़े में कुछ बचा है या सब खत्म हो गया।

बड़ी साधारण-सी जिन्दगी रही थी चौधरी हरि सिंह की। बाप- दादाओं की जमीन पर खेती करते, साल में तीन फसलें काटते और आया नगर की मंडी में जाकर बेच देते। गाय, भैंसों के रंभाने की आवाजें घरों में गूँजती रहतीं, दूध-दही की कोई कमी नहीं थी। बाप ने जैसा कहा, वैसा किया। बाप ने कहा धान बो दो, तो धान बो दिया। बाप ने कहा बाजरा बो दो, तो बाजरा बो दिया। बाप ने कहा फसल की कमाई से भैंस खरीद लो, तो भैंस खरीद ली। कभी बाप के आगे चूँ तक नहीं की। देखते-देखते शादी हुई, दो लड़के हुए और देखते ही देखते लड़के

बड़े हो गये, उनकी शादियाँ हो गयीं। पहले खेत में काम करते थे उनके लड़के। पर धीरे-धीरे खेती से उनका मन हटने लगा। हरि सिंह के सामने जोर-जोर से बोलने लगे, ज्यों-ज्यों उम्र बढ़ती गयी, त्यों-त्यों हरि सिंह चौधरी अपने ही घर में अकेले पड़ते गये। फिर पता नहीं क्या हुआ, इस इलाके में एक तूफान-सा आया। विलायती कम्पनियों का तूफान। लोग खेत, जमीनें सब बेचने लगे। लड़कों ने उन्हें भी कहा खेत बेचने के लिए, पर हरि सिंह चौधरी नहीं माने। लड़के उन पर ताना मारने लगे। कहते—खेत बेचता क्यों नहीं, क्या छाती पर रख कर बैठेगा। क्या सारे खेत अपने साथ लेकर जायेगा ऊपर! ऊपर वाला भी कहेगा कि क्यों भाई, इन खेतों को तो नीचे छोड़ आता। उनकी बातें सुनकर हरि सिंह चौधरी को लगने लगा था कि यह लड़के उनके हाथ से निकल गये, उनके लड़के उस तरह उसकी बात नहीं मानेंगे जिस तरह वे अपने बाप की मानते थे।

"राम-राम चौधरी..." एक चालीस साल के आदमी ने उन्हें बाग में बैठा देख कर कहा।

गंजे सिर वाला यह आदमी बाग में रोज सैर करने आता था। निक्कर, टी-शर्ट और मोटे-मोटे जूते पहनकर वह बाग की सैर किया करता था। रोज राम-राम करता। हरि सिंह जानता था उसे। गाँव के लम्बरदार रणवीर सिंह का छोकरा है सतपाल। अपने बाप की सारी जमीनें बेच कर प्रापर्टी डीलर बन बैठा था। रणवीर को मरे हुए काफी वक्त हो गया।

"राम-राम भाई, राम-राम।" हरि सिंह चौधरी ने अनमने भाव से जवाब दिया।

"क्या बात है ताऊ, आज बाग का चक्कर नहीं लगाणा।" सतपाल ने कहा।

"मैंने तो लगा लिए कई चक्कर। तू लगा ले।" हरि सिंह ने कहा।

"तो फिर ईब माणा-सा क्यों है?" सतपाल ने फिर पूछा।

अब हरि सिंह इस छोकरे को कैसे बता दें कि वह क्यों उदास हैं? क्यों लाख कोशिश करने के बाद भी उनकी उदासी दूर नहीं हो रही है?

"नहीं, कोई बात न सै।" हरि सिंह की उदासी बरकरार थी।

"कुछ बात तो जरूर सै जो इतणा माणा-सा सै।" सतपाल ने कहा।

सतपाल ने सुबह-सुबह उनके चेहरे पर छाई उदासी को पहचान लिया था।

"नहीं, ठीक सूँ भाई।" हरि सिंह ने खिन्न होकर कहा।

यह कहकर वह बैंच से उठ गये और धीरे-धीरे चलने लगे। वह सतपाल से बचना चाहते थे। पता नहीं क्यों यह छोकरा उन्हें कभी पसन्द नहीं आया। अपने बाप के मरने के बाद रही-सही जमीनें भी इसने बेच दी थीं और अब जमीनों की दलाली करता है।

उन्हें चलता देख सतपाल भी अपनी तोंद खुजाता हुआ आगे निकल गया।

दरअसल सतपाल के बार-बार टोकने से बचने के लिए वे चलने लगे। पर उनकी चलने की कोई इच्छा नहीं थी। शरीर एकदम थक चुका था। सत्तर साल पुरानी टाँगें आखिर कब तक चलें और कितना चलें। शरीर से ज्यादा मन थक चुका था। उनके जी में आता कि वह कहीं न जायें। सारा दिन इसी बाग में बैठे रहें। पर ऐसा हो नहीं सकता था। कुछ कदम चले ही थे कि आगे उन्हें कुछ बैंचें दिखाई दीं। वे वहाँ जाकर बैठ गये।

जब वे बाग में आये थे, उस समय इक्का-दुक्का लोग ही थे जो तेज-तेज चल रहे थे। उस समय बाग में चिड़ियों की चहचहाहट गूँज रही थी। अँधेरा जाने वाला था और सूरज की लाल रोशनी पेड़ों के पीछे से उन्हें दिखाई दे रही थी। पर अब बाग में काफी लोग आ गये थे। अपने में मशगूल। बाग में आते ही तेज-तेज चलते, कुछ दौड़ने लगते, कुछ एक्सरसाइज वगैरह करते। हरि सिंह चौधरी इन सबको देखते रहते।

कुछ ही देर में हरि सिंह ने देखा कि एक अधेड़-सा आदमी उनके सामने की बैंच पर आकर बैठ गया। उसने सफेद पैंट और हरे रंग की टी शर्ट पहनी हुई थी। भारी शरीर था, पेट बाहर की ओर आ गया था। सर और मूँछों के बाल सफेद हो गये थे। लम्बा कद, पाँव में नीले रंग के जूते थे। चेहरे से पसीने की धाराएँ बह रही थीं। लगता था काफी तेज-तेज चलकर आया है। बैंच पर बैठते ही रूमाल से चेहरे का पसीना पोंछते हुए हरि सिंह की ओर देखते हुए कहा, "ईब तो चमण हो गया सै यो इलाका।"

हरि सिंह ने उसकी तरफ देखा, लेकिन चुप रहे। उनकी नजरें बाग के पीछे से आती हुई लालिमा पर थीं।

वह आदमी बड़ी देर तक हरि सिंह को देखता रहा, गोया उन्हें पहचान रहा हो। थोड़ी देर चुप रहने के बाद उसने बाग के चारों तरफ देखते हुए कहा, "ईब तो घणें सारे लोग आ लिए, सारी जगै भर ली, पैल्ले ढेर सारी जगै खाली-सी थी।"

उसके स्वर में उत्साह था।

पर हरि सिंह को उसकी बात में कोई दिलचस्पी नहीं थी। वह गुमसुम बैठे रहे।

उस आदमी ने फिर हरि सिंह की ओर देखा। उसे हरि सिंह का चेहरा कुछ पहचाना हुआ-सा लगा। देर तक वह हरि सिंह को देखता रहा गोया कुछ याद करने की कोशिश कर रहा हो। फिर उसने पूछ लिया, "चौधरी हरि सिंह सौ...?"

"हाँ, हरि सिंह ही सूँ।" हरि सिंह ने उसकी ओर देखते हुए कहा।

"ते नाथुपुर से।" उस आदमी ने फिर पूछा।

हरि सिंह को हैरानी हुई कि यह कौन आदमी है जो उसका नाम जानता है और जिसे उसके गाँव का भी पता है।

"हाँ, नाथुपुर का ही सूँ भाई...आप कौन?" कहते-कहते हरि सिंह उसे पहचानने की कोशिश कर रहे थे, लेकिन पहचान नहीं पाये।

"के ताऊ कुछ साल पैल्ले बैंक गया था लोण वास्ते।" उस आदमी ने पूछा।

"लोण..." हरि सिंह ने कुछ याद करते हुए कहा।

"हाँ, हाँ, लोण। घर को पक्को कराणे वास्ते।" उस आदमी ने कुछ याद करते हुए बताया।

"हाँ गया तो था, बौत पैल्ले गया था लड़कों के साथ। काफी पुराणी बात है।" हरि सिंह ने कुछ याद करते हुए धीरे से जवाब दिया।

"तभी मैं सोच रहा सूँ कि तने कित्तै देख्या। मैं बैंक में उस समय मैनेजर था।" उसने कहा।

"अच्छा..." हरि सिंह ने अन्यमनस्कता से कहा।

"तेजबीर नाम सै मेरा।" उस आदमी ने अपना नाम बताया।

"अच्छा।" हरि सिंह की आवाज में फिर भी कोई उत्साह नहीं आया।

"आप पहचाण न पाए मुझे। मन्नै लोण दिया था आपको, घर पक्का कराने के लिए।"

"अच्छा....!"

हरि सिंह ने अपनी स्मृति पर बहुत जोर डाला, लेकिन तेजबीर को पहचान न सके। हाँ, इतना उन्हें जरूर याद है कि उनके लड़कों ने बैंक से कुछ लोन जरूर लिया था।

आकाश की लालिमा पूरी तरह खत्म हो चुकी थी। सूरज ऊपर चढ़ आया था। बाग में पक्षियों ने चहचहाना भी बन्द कर दिया था। पर सुबह की हवा में भी ठंडक नहीं थी।

"घर को पक्का करवाण था आपके लड़कों नै।" तेजबीर ने हरि सिंह को याद दिलाया।

हरि सिंह उसकी बात सुनकर और गमगीन-सा हो गये। गोया किसी ने गोबर मुँह पर मल दिया हो।

बाग में काफी लोग आ गये थे। हरि सिंह ने देखा दो आदमी आये और उनके सामने वाली बैंच पर आकर बैठ गये। उन दोनों ने पैंट और टी शर्ट पहन रखी थी। पाँव में मोटे-मोटे जूते। उनमें से एक आदमी लँगड़ा कर चल रहा था। वे शायद इस गाँव के नहीं थे। बाहर के लोग लग रहे थे। जब से इस इलाके

में कोठियाँ बनी हैं, तब से बहुत सारे इस तरह के लोग इस इलाके में रहने के लिए आ गये थे। उन दोनों को इस तरह सामने की बैंच पर बैठते देख हरि सिंह और तेजबीर चुप हो गये।

उनमें से एक ने बैठते ही कहा, "कल मैक्स अस्पताल गया था डॉक्टर को दिखाने।"

"क्यों, क्या हो गया।" दूसरे ने पूछा।

"क्या बताऊँ क्या हो गया, कई दिनों से पैर की हड्डी में दर्द हो रहा था। कल डॉक्टर ने देख कर बताया कि एड़ी की हड्डी बड़ी हो गयी है। उससे ही चलने में तकलीफ होती है।'' उसने अपना दर्द बयाँ किया।

"फिर..." दूसरे ने पूछा।

"फिर...क्या। डॉक्टर ने कहा कि बाजार में खास तरह के जूते आते हैं, वह पहन लो। पता किया तो वह जूते बीस हजार के हैं। अब बताओ, बीस-बीस हजार के जूते मिलने लगे हैं बाजार में।" उसने बताया।

"तो खरीद लिए..."

"न, नहीं खरीदे। एक तो पहले डॉक्टरों ने टेस्ट करवा कर पन्द्रह हजार ठग लिए और अब कहते हैं बीस हजार के जूते ख़रीदो।" उसने कहा।

उस आदमी के चेहरे पर अस्पताल के डॉक्टरों के प्रति गुस्सा था। अजीब-सा गुस्सा।

"कुछ नहीं है भाई साहब, आप सिर्फ अरंडी के तेल की मालिश किया करो, दर्द अपने आप ठीक हो जायेगा।" तेजबीर ने उनकी बात सुन कर कहा।

"हाँ, मैं भी यही सोच रहा हूँ—मुझे पहले भी किसी ने कहा है। अरंडी के तेल की मालिश करने से हड्डी का दर्द ठीक हो जाता है।" उस आदमी ने कहा।

"इन डॉक्टरों के चक्करों में तो न ही फँसो।" उस आदमी के साथ आये दूसरे आदमी ने कहा।

"अब बताओ, कल मेरा छोकरा सत्तर हजार का मोबाइल फोन लेकर आया है। कहने लगा स्मार्ट फोन है।" उस आदमी ने हैरानी से कहा, गोया उसके सामने कोई विराट दानव आ गया हो।

"अब सत्तर-सत्तर हजार के फोन आने लगे।"

"इन फोन कम्पनियों ने तो लूट मचा रखी है। कल मेरे लड़के ने पुरानी होंडा सिटी कार बेच दी। कहने लगा कि यह कार पुरानी हो गयी है। ओडी खरीद रहा है। उसकी बुकिंग करा दी है।" दूसरे ने कहा।

"अब रोज तो कारों के नये-नये मॉडल आ रहे हैं।" पहले वाले ने कहा।

"अच्छा, मैं चलूँ...आज दोपहर को दुबई की फ्लाइट लेनी है।"

"कितने दिन के लिए जा रहा है दुबई।" बैंच से उठते -उठते दूसरे ने पूछा।

"पाँच-सात दिन तो लग ही जाएँगे।" एक ने कहा।

वे दोनों उठकर चले गये।

हरि सिंह चौधरी उन दोनों की बात बड़े ध्यान से सुन रहा था। ये लोग सबेरे-सबेरे खरीदने और बेचने की बातें क्यों कर रहे हैं। क्या और कोई बात नहीं है इनके पास करने के लिए। जब वे दोनों वहाँ से चले गये तो हरि सिंह ने तेजबीर की ओर ध्यान से देखा और पूछा, "हाँ मैनेजर साब, क्या कह रहे थे।"

"मैं तो कुछ नहीं कह रहा था। यही पूछ रहा था कि आपका घर हो गया पक्का।" तेजबीर ने कहा।

"कुछ पक्का न हुआ। सब बेच दिया, लड़कों ने। सब स्वाहा हो गया।" हरि सिंह ने रुआँसे अन्दाज में कहा।

"बैंक का लोन तो चुका दिया होगा।" तेजबीर ने पूछा।

"आपको न पता।" हरि सिंह चौधरी ने झल्ला कर कहा।

"मेरे को पता न है। मैं तो बदली होकर चला गया था।"

"लड़कों ने सब तबाह कर दिया।" हरि सिंह की मायूसी बरकरार थी।

हरि सिंह ने देखा कि सामने से आ रहे सतपाल ने उनकी यह बात सुन ली। जब तक हरि सिंह कुछ और कहते तब तक सतपाल उनके पास पहुँच गया था

"क्या हुआ ताऊ? क्यों लड़कों को सबेरे-सबेरे कोस रहा है।"

सतपाल काफी देर से बाग के चक्कर काट रहे थे। पसीना-पसीना हो गये थे। थोड़ी देर आराम करने के लिए वह हरि सिंह के पास वाली बैंच पर आकर बैठ गया।

"ईब कोसाँ न तो के करूँ। सब ठिकाणें लगा दिया।" कहकर हरि सिंह रुआँसे-से हो गये।

तेजबीर समझ गया कि हरि सिंह क्या कहना चाह रहे हैं। बोला, "सबके घर में यो ही बात है।"

"न, सबके घर का तो पता नहीं पर नाथुपुर में जरूर है। न कम्पनियों के लोग म्हारे गाँव आत्ते न हमारे खेत बिकते।" हरि सिंह ने कहा।

"अब कम्पनियाँ के माथे क्यों ठीकरा फोड़ रया है ताऊ। कम्पनियों ने तो आना ही था। देख चारों तरफ। बड़ी-बड़ी बिल्डिंगें इन कम्पनियों वालों ने ही तो बनाई हैं। तीस साल पहले जंगल था जंगल। सियार बोलते रहते थे, खेतों में। चीते गाय-बकरियों को खा जाते थे। अब बड़े-बड़े मॉल बन गये, फाइव स्टार

होटल खुल गये। गुड़गाँव के किसान खूब मालामाल हो गये। तुझे तो यह सब पता ही है ताऊ, तू तो पुराणा आदमी है।" सतपाल ने उल्लास से कहा।

उसकी बात सुनकर हरि सिंह चौधरी का मन और बैठ गया। सोचने लगे, कैसा है यह लड़का जो बड़ी-बड़ी इमारतें और मॉल बनने से खुश है। खेती की जमीन खत्म हो गयी, इसका इसे कोई मलाल नहीं। खेत ही न रहेंगे तो कहाँ से आयेगा अन्न-जल।

"वो सब मुझे पता है। पर हमारे खेत तो खत्म हो गये जो अन्न- जल देते थे।" हरि सिंह ने कहा।

"ताऊ, उसकी फिक्र क्यों करता है। यह तो देख इलाके में कितनी रौनक हो गयी, गाँव के लोग अमीर हो गये। पूरी दुनिया में नाम रोशन हो गया गुड़गाँव का। यह कम है क्या? अब यह कम्पनियाँ अन्न-जल दे रही हैं'' सतपाल के एकएक शब्द में उल्लास टपक रहा था।

"पर म्हारे खेत तो चले गये, गाय भैंस तो बिक गये।" हरि सिंह ने थोड़ा आवेश में कहा

"पर वाँ तो तेरी मर्जी से बिके हैं ताऊ। मत बेचता खेत, किसने कहा था।" सतपाल ने तर्क करते हुए कहा।

"लड़कों ने ही कहा था बेचने के लिए। मैं तो मना कर रहा था। तेरी ताई ने भी मना किया था, पर लड़के मान्ने को न।" हरि सिंह की आवाज में क्षोभ था।

"तो तू मना कर देता।" सतपाल ने प्रतिवाद किया।

"मना तो मैंने बहोत किया था पर मेरी एक न सुणी। कहण लागे, घणा पैसा मिल रहा है।" हरि सिंह ने अपने लड़कों के प्रति तिरस्कार की भावना से कहा।

उन्हें याद आया कि उनकी पत्नी ने पहले कहा था, "खेत बेचना कोई अच्छी बात नहीं है। पुरखों से अन्न-जल देती आ रही है धरती माँ। आगे भी देती रहेगी।" उसने भी अपने दोनों लड़कों को बहुत समझाने की कोशिश की पर दोनों में से एक भी नहीं माना। बड़ी बहस हुई थी लड़कों में और हरि सिंह चौधरी में। आखिरकार हरि सिंह को ही उनकी बात माननी पड़ी। खेत बेचकर दुकानें खरीद लीं। एक ने हार्डवेयर की दुकान खोल ली। दूसरे ने गेस्ट हाउस बना लिया।

"यह तो पूरे गुड़गाँव की कहानी है। अच्छा ताऊ, राम-राम! मैं तो चलूँ।" कहकर सतपाल उठ खड़ा हुआ और तेज-तेज कदमों से चलता हुआ बाग के बाहर चला गया। उसे जाने की जल्दी थी। उसके जाने के बाद तेजबीर ने हरि सिंह ने पूछा–

"खेत बेचने से पैसे तो घणें मिले होंगे।"

"हाँ मिले तो घणें थे, पर लड़कों ने सब उड़ा दिये।" हरि सिंह ने कहा।

"तो तूने रोका नहीं।" तेजबीर ने कहा।

"मेरी कहाँ मानते हैं। रुपये हाथ में आते ही उड़ने लगे हवा में। कारें ले लीं, लम्बी वाली। विलायती कुत्ते पाल लिए। उनके जन्म दिन की पार्टियाँ मनाण लागे, रोज दिल्ली के फाइव स्टार होटलों में दारू पीण लागे, गाँजा, भाँग पीण लागे, लुगाइयों को भी ले जाण लागे। हवाई जहाज से कभी मुम्बई जाते तो कभी गोवा, घूमणे वास्ते, सब खत्म कर दिया। ईब न पैसा बचा न खेत।" कहते-कहते हरि सिंह चौधरी रुआँसे से हो गये।

"यह तो अच्छा नहीं हुआ।" तेजबीर ने फिर कहा।

"बहुत बुरा हुआ, न दूसरे देशों की कम्पनियाँ आतीं गुड़गाँव में, न उनके दफ्तर बनते, न कॉलोनियाँ बनतीं, न खेतों की कीमतें बढ़तीं, न छोकरों को खेत बेचने की सूझती, न म्हारे खेत बिकते।" हरि सिंह चौधरी ने अपने मन की बात उससे कह दी।

बाग में चारों ओर धूप फैल चुकी थी। इस समय तक सुबह की सैर करने वाले ज्यादातर लोग जा चुके थे। कुछ लोग अभी भी थे जो जोर-जोर से हँस रहे थे।

'ईब के कर रिया है ताऊ।' तेजबीर ने पूछा।

तेजबीर के इस सवाल से हरि सिंह रुँआसा हो गए। वह क्या बताएँ कि अब वह क्या कर रहे हैं। यह बताएँ कि उनके एक लड़के ने अपने घर में जो गेस्ट हाउस बना रखा है, उसकी देखभाल करते हैं या यह बताएँ कि दूसरे लड़के के हार्डवेयर की दुकान पर जाकर बैठ जाते हैं। क्या बताएँ..., इसको।

तेजबीर ने सवालिया निगाहों से हरि सिंह की ओर देखा। हरि सिंह चौधरी कुछ नहीं बोले। उनके चेहरे से लाचारी साफ टपक रही थी।

तेजबीर ने भी महसूस किया कि हरि सिंह के पास उसके सवाल का कोई जवाब नहीं है। "अच्छा ताऊ चलूँ मैं।" कहकर तेजबीर उठ गया।

"मैं भी चलूँ।" कहकर हरि सिंह भी उठ खड़े हुए।

तेजबीर ने हाथ पकड़कर उन्हें उठाया। वे दोनों धीरे-धीरे चलते हुए बाग के गेट पर आ गये। गेट से बाहर निकलते वक्त हरि सिंह चौधरी ने एक बार फिर बाग को देखा। बाग के पास की जमीन में लगे मोबाइल की बुलन्द टॉवर को देखा। यह टावर उनके ही खेत पर लगा था, उन्होंने गहरी साँस छोड़ी, फिर पूछा, "क्यों मैनेजर साहब! मैंने सुणा है कि दो दिन बाद हीरो होंडा चौक के पास कोई जुलूस निकलने वाला है इन कम्पनियों के खिलाफ।"

तेजबीर उनकी बात सुनकर एक पल के लिए सोच में पड़ गया कि हरि सिंह चौधरी क्या कह रहे हैं। “पता नहीं मुझे।” तेजबीर ने कहा।

“कल कोई दो लोग चलते-चलते बाग में बातें कर रहे थे।” हरि सिंह ने कहा।

“अच्छा, पूछ के बताऊँगा। मणै तो पता नहीं।” तेजबीर ने कहा।

“हाँ, किसी से पूछना, पता लगे तो मुझे कल बताणा। मैं भी जुलूस में जाऊँगा। गाँव के अन्न-जल की खातिर।” हरि सिंह ने कहा।

“हाँ, पता लगता है तो बताता हूँ।” कहकर तेजबीर तेज क़दमों से चलता हुआ हरि सिंह से आगे निकल गया।

हरि सिंह लाठी टेकते हुए धीरे-धीरे चलने लगे। उनकी आँखों से आँसू छलक रहे थे।

आमची मुम्बई

“लीजिए साहब, आपके सपनों का घर। खुला और हवादार और ऊपर आकाश और नीचे गार्डन। बालकनी में खड़े हो जाइए तो मुम्बई की बारिश का लुत्फ उठाइए।” अंसार ने बड़े से फ्लैट का दरवाजा खोलते हुए कहा।

तीस-पैंतीस साल की उम्र रही होगी अंसार की। चेहरा साँवला, बालों में मेहँदी, आँखें छोटी जो ग्राहक की इच्छाओं को भाँप लें। घरों की दलाली का काम था उसका। चतुराई का भाव चेहरे से साफ झलकता था। नेट से विकास कुमार ने इसका नम्बर लिया था। उसने कई फ्लैट दिखाए थे उनको, लेकिन कोई पसन्द नहीं आया था।

विकास कुमार ने देखा कि फ्लैट वाकई काफी बड़ा था। बड़ा-सा हॉल, हॉल के आखिर में बड़ी-सी बालकनी। हॉल में सोफा, टेलीविजन, डायनिंग टेबल, टेलीफोन, दो कमरे, कमरों में ए.सी., डबल बैड, अलमारियाँ, वाशिंग मशीन, फ्रिज, किचन, किचन में गैस पाइप लाइन, माइक्रोवेव, बाथरूम, बाथरूम में शावर, नहाने के लिए टब। छत से लटकते झूमर, पेंट्स के रंगों से मिलते-जुलते खिड़कियों और दरवाजों के परदे, सब मिलकर फ्लैट में चार चाँद लगा रहे थे। सुविधाओं का सारा सामान वहाँ मौजूद था। हाँ, दीवारों का रंग-रोगन जरूर हल्का हो गया था, जिसे फिर से कराने के लिए कहा था। फ्लैट को देखकर उन्हें लग रहा था कि अब उनकी तलाश खत्म हो रही है। ऐसे ही किसी फ्लैट की तलाश वह कर रहे थे। यह इलाका भी पसन्द आया था उन्हें। बहुत बड़ी सोसायटी थी। सोसायटी के बीचों-बीच बड़ा सा गार्डन, स्वीमिंग पूल, गार्ड, कार पार्किंग, सब कुछ था वहाँ।

लगभग एक माह से वह फ्लैट ढूँढ़ रहे थे। दोस्तों ने, जानकारों ने और उनके ऑफिस में काम करने वाले अंकुश दत्तात्रेय शिंदे ने कई फ्लैट उनको दिखाए। अंकुश दत्तात्रेय शिंदे ब्रोकर का काम भी करता था और शिव सेना का एक्टिव मेम्बर था। ऑफिस में आने वाले हर नये आदमी को वही फ्लैट दिखाता था। लोग उस पर बहुत यकीन करते थे। लेकिन विकास कुमार को उसका दिखाया

हुआ कोई भी फ्लैट पसन्द नहीं आया। कोई बहुत छोटा था दड़बे की तरह, किसी का रास्ता बहुत खराब था, कहीं पानी नहीं। तो किसी फ्लैट के सामने बरसात में पानी जमा हो जाता था, तो किसी का किराया बहुत ज्यादा था। फिर वे फ्लैट ऑफिस से बहुत दूर थे। थक गये थे वे फ्लैट देखते-देखते। शिंदे चाहता था कि विकास कुमार को उसका दिखाया हुआ फ्लैट ही पसन्द आये।

विकास कुमार ने महसूस किया था कि मुम्बई में सभी फ्लैटों पर दलालों का कब्जा है। उनकी मर्जी के बिना किसी को घर नहीं मिल सकता। एक फ्लैट दिखाने में कई दलाल लगे हुए थे। जोंक की तरह चिपटे हुए थे हर फ्लैट से। हर आदमी उन्हें ठगना चाहता था। यह जानते हुए भी कि वे ठगे जा रहे हैं, वे ठगे जाने के लिए बाध्य हो गये थे। मुम्बई में फ्लैट किराए पर लेने का रास्ता इन दलालों के गलियारों के बीच में से ही होकर निकलता था।

फ्लैट खोजने से पहले उन्हें हिदायत दे दी गयी थी कि मुम्बई में फ्लैट लेना हो तो दो बातों का खास ध्यान रखना। जिस किसी भी सोसायटी में फ्लैट लो वहाँ का किराया भले ही थोड़ा ज्यादा हो, पर वहाँ बरसात में पानी न भरता हो, नहीं तो बहुत मुश्किल हो जायेगी। और दूसरा फ्लैट ऑफिस के जितना पास हो सके, उतना पास लेना नहीं तो घर और ऑफिस के बीच कोल्हू के बैल बनकर रह जाओगे और आफिस आने-जाने में ही प्राण पखेरू उड़ जायेंगे, चाहे लोकल से जाओ या कार से।

यह फ्लैट उनकी इन शर्तों पर खरा उतरता था। कई दिनों की भटकन के बाद यह फ्लैट उन्हें पसन्द आया था। ऑफिस से एकदम पास था।

उन्होंने किराया वगैरह सब तय कर लिया। बात को पक्का करने के लिए उन्होंने मकान मालिक को एडवांस किराया भी दे दिया। अंसार को भी उसका कमीशन उन्होंने दे दिया। केवल इतना कहा था कि मकान मालिक से कहना कि वह फ्लैट का रंग-रोगन दुबारा करवा दे ताकि फ्लैट और भी अच्छा लगे। मकान मालिक उनकी यह शर्त मान गया था।

अगले दिन ऑफिस में अंकुश दत्तात्रेय शिंदे ने उनसे कहा, "आज शाम मेरे साथ चलिए, तीन-चार घर दिखाऊँगा। उनमें से कोई न कोई घर आपको जरूर पसन्द आयेगा।"

"पर मुझे तो घर मिल गया..." विकास कुमार के चेहरे पर विजय का भाव था।

"मिल गया! कहाँ मिला...?" शिंदे उनकी बात सुनकर हक्का- बक्का रह गया। उसे उम्मीद नहीं थी कि इस ऑफिस में बिना उसकी मदद के भी कोई घर ढूँढ़ सकता है।

"साकीनाका में, ऑफिस के एकदम पास है।" विकास कुमार ने बताया।

"साकीनाका में..." शिंदे चौंका।

"क्यों...इसमें हैरानी की क्या बात है...साकीनाका क्या अच्छी जगह नहीं है।" विकास कुमार ने शिंदे की हैरानी पर सवालिया निशान लगाया।

"नहीं। अच्छी जगह तो है। बहुत अच्छी जगह है। लेकिन..." वह कुछ कहते-कहते रुक गया।

"लेकिन...क्या..." विकास कुमार ने पूछा।

"आपको मुम्बई के फ्लैटों के बारे में कुछ पता नहीं है। बहुत पेंच हैं यहाँ फ्लैट में और कालोनियों में।" शिंदे ने गम्भीरता से कहा।

"क्या पेंच है।" विकास कुमार की उत्सुकता बढ़ गयी।

"वो जब आप रहने लगोगे, तब आपको पता चलेगा। अच्छा, छोड़ो यह सब। कौन-सी सोसायटी है साकीनाका में। मैं तो हर सोसायटी को जानता हूँ।" शिंदे ने अपने ज्ञान का परिचय दिया।

"आम्रकुंज। साकीनाका चौराहे से थोड़ी ही दूर है..." विकास कुमार ने गर्व से जवाब दिया।

"आम्रकुंज में...आप और आम्रकुंज में!" शिंदे ने हैरानी से कहा।

"क्यों? वहाँ क्या है, आठवीं मंजिल पर फ्लैट है। ए.सी., टी.वी., फ्रिज वगैरह सब है वहाँ। क्या मैं वहाँ नहीं रह सकता।" विकास कुमार ने सहजता से जवाब दिया।

"आप ने सोसायटी को अच्छी तरह देख तो लिया था। जान लिया था वहाँ कौन लोग रहते हैं।" शिंदे की हैरानी बढ़ती जा रही थी।

"क्यों इसमें जानना और देखना क्या है। अच्छी सोसायटी है। खुली और हवादार। अच्छे लोग रहते हैं, काम-धन्धे वाले और फ्लैट एकदम बढ़िया है, ऑफिस के पास, किराया भी ठीक है। पानी और बिजली की कोई दिक्कत नहीं है, सोसायटी के बाहर चौबीस घंटे सिक्यूरिटी गार्ड रहते हैं। बरसात में पानी भी नहीं भरता। बाजार भी एकदम पास है। और क्या देखना है।" उन्होंने विस्तार से बताया।

"तो फिर आपने सोसायटी ठीक से नहीं देखी।" शिंदे ने ताना कसते हुए कहा।

"तो फिर तुम्हीं बताओ कैसे देखी जाये सोसायटी और कैसे देखा जाये घर?" विकास कुमार ने त्यौरियाँ चढ़ाते हुए कहा।

"जो मैं कहना चाह रहा हूँ, आप समझ नहीं रहे। मैं आपको इससे अच्छी सोसायटी में घर दिला देता।" शिंदे ने कहा।

"पर जिस सोसायटी में आप घर दिलाना चाहते हैं, वह सोसायटी ऑफिस से बीस किलोमीटर दूर है और आप क्या चाहते हैं कि मैं मुम्बई में रोज बीस और तीस-चालीस किलोमीटर का सफर तय करूँ और वह भी कार से। आप तो केवल अपना फायदा देख रहे हैं।" विकास कुमार ने थोड़ा गुस्से में कहा।

"मैं सिर्फ अपना फायदा नहीं, आपका फायदा भी देख रहा हूँ। क्या आप पूरी तरह सिक्योर हैं वहाँ?" शिंदे ने एक सवाल उनसे पूछा।

"आप को क्यों लगा कि मैं वहाँ सिक्योर नहीं हूँ।" विकास कुमार ने उसके सवाल के जवाब में एक सवाल और पूछ लिया।

"नहीं हैं वहाँ आप सिक्योर, आम्रकुंज में। वह इलाका सेफ नहीं है।" शिंदे ने 'सेफ' पर जोर दिया।

"अरे कैसे कह सकते हैं आप, वह इलाका सेफ नहीं है और मैं आम्रकुंज में सिक्योर नहीं हूँ।" विकास कुमार ने थोड़ा आवेश में कहा।

"चलिए आप मेरे साथ, मैं बताता हूँ कि आम्रकुंज आपके लिए सेफ क्यों नहीं है।" शिंदे ने चुनौती भरे स्वर में कहा।

उनकी समझ में नहीं आया कि शिंदे किस आधार पर कह रहा है कि आम्रकुंज सोसायटी सेफ नहीं है। यह तो वह जानते थे कि शिंदे मकानों को किराए पर चढ़ाने का धन्धा करता है। शिव सेना का एक्टिव मेम्बर था। उसकी कोशिश यही रहती है कि इस ऑफिस में जो भी आये, उसी के मार्फत घर किराए पर ले। उन्होंने समझना चाहा कि आम्रकुंज उनके लिए क्यों सेफ नहीं है।

"तो आप बताओ कि कैसे सेफ नहीं है?" विकास कुमार ने पूछा।

"यह मैं आपको यहाँ नहीं बता सकता। आप कल मेरे साथ चलिए, मैं आपको बताऊँगा कि आम्रकुंज आपके लिए सेफ नहीं है। यहाँ मैं जो कुछ भी कहूँगा वह आपको समझ में नहीं आयेगा।" शिंदे ने उन्हें समझाने के अन्दाज में कहा।

विकास कुमार शिंदे से समझ लेना चाहते थे कि आम्रकुंज उनके लिए सेफ क्यों नहीं है।

अगले दिन अंकुश दत्तात्रेय शिंदे उनको साकीनाका के इलाके में ले गया, जहाँ उनकी सोसायटी थी। शाम के करीब पाँच बजे थे।

आम्रकुंज के पास पहुँचते ही अंकुश दत्तात्रेय शिंदे ने आते-जाते लोगों की तरफ इशारा करते हुए कहा, "देखा आपने..."

"क्या..." उनकी समझ में नहीं आया कि शिंदे उन्हें क्या दिखाना चाहता है।

"यहाँ के रहने वाले सब मुसलमान हैं। यहाँ मुसलमान रहते हैं।" शिंदे ने इस तरह कहा जैसे वह किसी रहस्य से पर्दा उठा रहा हो।

"तो इससे क्या हुआ?" विकास कुमार ने सहजता से कहा।

"अभी तो कुछ नहीं हुआ...पर कभी भी हो सकता है। आपने जिस सोसायटी में फ्लैट लिया है वह मुस्लिम सोसायटी है।" शिंदे ने उनके ज्ञान में इजाफा किया।

"मुस्लिम सोसायटी" ...हैरान रह गये विकास कुमार।

"जी हाँ, आइए, ...मैं आपको दिखाता हूँ।"

कहकर वह उनको आम्रकुंज के गेट के अन्दर ले गया। सोसायटी का गार्ड शिंदे को जानता था। इसलिए उसने खड़े होकर सलाम किया। गेट के अन्दर सोसायटी के अहाते के बैंचों पर कुछ औरतें बैठी हुई थीं।

शिंदे ने उनकी तरफ इशारा करते हुए कहा, "यह देखिए, सब मुस्लिम औरतें हैं। वो सामने से जो महाशय आ रहे हैं, उनका पहनावा देखिए, उनकी दाढ़ी देखिए। सब मुसलमान रहते हैं इस सोसायटी में।"

"और दिखाता हूँ, आइए।" कहकर शिंदे विकास कुमार को सोसायटी के बी ब्लॉक की लिफ्ट के पास ले गया। वहाँ पर एक बहुत बड़ा-सा बोर्ड लगा था, जिस पर रहने वालों के नाम लिखे हुए थे। शिंदे ने बोर्ड की तरफ इशारा करते हुए कहा, "यह देखिए आपका फ्लैट है 803 यह देखिए 802 में कौन रहता है–अंसार अहमद। 801 में कौन रहता है–शकील सिद्दीकी, 804 में देखिए–अमीना पठान। उस फ्लोर में आप अकेले हिन्दू...और भी देखिए।"

यह सब बताकर शिंदे एक विजेता की तरह विकास कुमार की ओर देखने लगा।

विकास कुमार ने बोर्ड को गौर से देखा। वाकई सब मुस्लिम ही वहाँ रहते थे। बोर्ड पर अधिकांश नाम मुस्लिम थे। पठान, अहमद, सिद्दीकी, हुसैन, शेख जैसे नामों से बोर्ड भरा हुआ था। बीच-बीच में कहीं-कहीं पारसी नाम भी थे।

घबरा गये विकास कुमार। पाँवों के नीचे से जमीन निकल गयी। यह पहले उन्हें क्यों नहीं दिखाई दिया। उन्हें इस तरह गुमसुम होते देख अंकुश दत्तात्रेय शिंदे ने कहा। "आपको पता है कुर्ला से सटा हुआ इलाका है, मुस्लिमों की घनी आबादी वाला इलाका। चारों तरफ मस्जिदें ही मस्जिदें हैं। कल को कुछ हुआ तो आपको भागने का भी वक्त नहीं मिलेगा। आठवें फ्लोर में आपने घर पसन्द किया है।"

''और यह सुनिये अजान।'' शिंदे ने दूर से आती अजान की आवाज की ओर इशारा करते हुए कहा, "यहाँ रहेंगे तो दिन-भर आपको अजान सुनाई देगी।"

अंकुश दत्तात्रेय शिंदे की बातें सुनकर सन्न रह गये विकास कुमार। थोड़ी देर गुमसुम रहे। कुछ समझ में नहीं आ रहा था कि अब क्या किया जाये।

“अब क्या किया जाये, मैंने तो घर पक्का कर दिया है। एक माह का किराया भी दे दिया है।” विकास कुमार घबरा गये थे।

“हो सके तो किराया वापस ले लो, मैं आपको अपनी सोसायटी में घर दिला दूँगा। यहाँ मत रहिए।” अंकुश दत्तात्रेय शिंदे ने सलाह दी।

शिंदे को लग गया था कि इस बार तीर निशाने पर लगा है। यदि विकास कुमार उसकी सोसायटी में फ्लैट ले लेता है तो उसका कमीशन पक्का।

“पर शायद वो किराया वापस न करें।” विकास कुमार ने कुछ सोचते हुए कहा।

“बात तो करके देखें...” अंकुश दत्तात्रेय शिंदे ने उनका हौसला बढ़ाया।

अजीब दुविधा में फँस गये थे विकास कुमार। उन्हें इसका अन्दाजा क्यों नहीं हुआ। हालाँकि फ्लैट के गेट पर 786 लिखा देखा था। तब वे क्यों नहीं समझ सके। तब शायद फ्लैट की खूबसूरती में ही उनका ध्यान अटक गया था। फिर सोचा, वहाँ रहने में क्या हर्ज है। पर अगले ही पल इरादा त्याग दिया। किसी मुस्लिम सोसायटी में वह कैसे रह सकते हैं।

रात-भर परेशान रहे। शिंदे की बातें रह-रहकर उनके जेहन में कौंधती रही। क्या करें???? किराया वापस ले लें?????????? मुस्लिम सोसायटी में रहें???? कल को कुछ हो गया तो????? माहौल का कुछ भरोसा है????? कब बदल जाये???? तो क्या उसी सँकरी और तंग सोसायटी में रहें???? और रोज चालीस किलोमीटर का सफर तय करें?????

सुबह उठते ही पहुँच गये अंसार के पास। अंसार उन्हें देख कर चौंका। मन में कुछ आशंका हुई।

“अरे विकास जी, क्या हुआ...धन्धा शुरू होने से पहले?” उसने पूछा।

“देखिए, मुझे आम्रकुंज में नहीं रहना। आप कोई दूसरा फ्लैट दिखाएँ किसी हिन्दू सोसायटी में। नहीं तो मेरा एडवांस किराया और डिपाजिट वापस करवा दीजिए।”

“क्यों????? क्या हुआ????” अंसार उनकी बात सुनकर हैरान रह गया।

“आपने मुझे बताया नहीं कि आम्रकुंज एक मुस्लिम सोसायटी है। वहाँ सभी मुसलमान रहते हैं।” उन्होंने गुस्से में कहा।

“क्या मतलब?????” अंसार ने भी गुस्से में कहा।

“वहाँ सब मुसलमान रहते हैं...” उनका गुस्सा बरकरार था।

“तो इससे क्या फर्क पड़ता है।” अंसार ने शालीनता से कहा।

“क्यों नहीं फर्क पड़ता। कल को कुछ हो गया तो आप आयेंगे मुझे बचाने।

आप तो अपना कमीशन लेकर एक तरफ खिसक जायेंगे। भुगतूँगा तो मैं ही। आप मेरा किराया और डिपाजिट वापस करवा दीजिए। मुझे नहीं रहना वहाँ।'' विकास कुमार का गुस्सा बरकरार था।

अंसार को सारा माजरा समझते देर नहीं लगी।

"आप किस दुनिया में रह रहे हैं विकास कुमार जी! वहाँ जो भी लोग हैं, वह सब जाने-माने लोग हैं। उनकी इज्जत है। वहाँ रहने वाले ज्यादातर लोग मुम्बई के अस्पतालों में डॉक्टर हैं और लोगों का इलाज कर रहे हैं। मुम्बई के ज्यादातर टैक्सी वाले मुस्लिम हैं जो बाहर से आने वालों को एक जगह से दूसरी जगह ले जाते हैं। गणपति विसर्जन में बैड और बाजा बजाने वाले मुस्लिम हैं। बहुत कड़ी मेहनत करते हैं ये लोग मुम्बई को सँवारने में। इसी बिल्डिंग में एक हिन्दू औरत रहती है जिसने एक मुसलमान से शादी की है। राहत नाम है उसका। और इस बिल्डिंग में जितने भी बैचलर लड़के-लड़कियाँ हैं, उससे खाने का डिब्बा मँगाते हैं। यहाँ मुम्बई में इस तरह मत सोचो। यहाँ इस तरह की सोच की कोई जगह नहीं है। इस तरह सोचोगे तो मुम्बई में नहीं रह पाओगे।" अंसार ने उन्हें हकीकत से रूबरू कराया।

विकास कुमार चुप रहे। कोई जवाब नहीं सूझ रहा था उन्हें। "आप छोड़ दीजिए इस सोच को कि सामने वाला मुसलमान है तो इससे आप को खतरा है। किस तरह का खतरा हो सकता है आपको।" अंसार ने सवाल पूछा।

"ठीक कहते हैं आप। खतरा आज नहीं है, पर हालात कब बदल जायें। आपको तो पता ही है कि खतरा वहाँ रहने वालों से नहीं होता है, जो माहौल बनता है खतरा उससे होता है।" विकास कुमार ने कहा।

"कोई माहौल नहीं बनने वाला। मुम्बई में इस तरह का माहौल अब नहीं बनता। मुझे तो लगता है कि खतरा आप में ही है। आप सामने वाले को शेख, मोहम्मद या मोमिन की तरह क्यों देखते हो। आपके पड़ोस में रहने वाला वह एक नामी-गरामी हार्ट स्पेशलिस्ट है। उससे मिलने के लिए लोगों को टाइम लेना पड़ता है और जिस टैक्सी से आप यहाँ आये हैं, उसे चलाने वाला मुस्लिम है। मुम्बई के घरों में काम करने वाली बाइयाँ बंगाल से आई मुस्लिम औरतें हैं। मुम्बई के जीवन में ये लोग रच-बस गये हैं। अलग-अलग खेमे नहीं हैं यहाँ। क्या रफी साहब के गानों को इसलिए नहीं सुनेंगे कि वह एक मुस्लिम ने गाए हैं या क्या लता मंगेश्कर को हिन्दू कहकर खारिज कर देंगे या क्या मुसलमान होने के नाते बिस्मिल्ला खाँ को खारिज कर देंगे। आदमियत को देखिए साहब, उनके हुनर को देखिए। मुम्बई में रहना हो तो इस सोच को बदल दीजिए। यह मुम्बई

है, आमची मुम्बई। अपने काम से काम रखती मुम्बई। आज जमाना बदल गया है, बदलिए अपने नजरिए को। इस तरह सोचेंगे तो मुम्बई का समन्दर आपको किनारे ला पटकेगा, किसी फालतू कचरे की तरह।"

कहकर अंसार चुप हो गया। फिर थोड़ी देर बाद बोला, "आप अच्छी तरह सोच लीजिए...मुझे कोई दिक्कत नहीं। मैं तो आपको किराया भी वापस करा दूँगा और डिपोजिट भी। जब मकान मालिक को पता चलेगा कि आप ऐसी सोच रखते हैं तो वही आपको अपना घर देने से मना कर देगा।" कहकर अंसार चुप हो गया।

विकास कुमार को कोई जवाब नहीं सूझा। धीरे से बोले, "सोच के बताता हूँ।"

लगातार दो दिन और दो रात इसी पर सोचते रहे। कभी अंकुश दत्तात्रेय शिंदे की बातें जेहन में घूमतीं तो कभी अंसार की। समझ में नहीं आ रहा था कौन ठीक है।

अगले दिन अलसुबह उठकर अंसार को फोन किया और कहा, "मेरे नये घर में रंग-रोगन हो गया हो तो बतायें। मैं जल्द से जल्द वहाँ आना चाहूँगा।"

भीमा का संकल्प

ऊपर वाले की इच्छा से बड़ी होती है अपनी इच्छा और अपनी इच्छा पूरी करने के लिए करनी पड़ती है मशक्कत और वह भी पहाड़ जितनी। धूप, सर्दी, पाला, गर्मी, लू, बारिश, आँधी, तूफान में मशक्कत के लिए निकलना पड़ता है घर से बाहर। अब अजगर और पंछी की बात कौन करे कि दाता राम उन्हें सब कुछ बैठे बिठाए दे देते हैं, पर मशक्कत तो उन्हें भी करनी पड़ती है, हिलना-डुलना तो अजगर और पंछी को भी पड़ता है। मशक्कत का महातम बड़ा है।

एक था भीमा. मंडी और कालोनी के दायरे में ही उसकी दुनिया थी। मन्दिर से ज्यादा मशक्कत पर यकीन और पंडित और पुरोहितों से ज्यादा अपने हाथ पैरों और मेहनत पर यकीन।

रोज अलसुबह उठकर मंडी जाता। ठेला-भर आम ले आता। गुहार लगा-लगा कर कालोनी में बेचता और रात को चना-चबैना खाकर सो जाता। ज्यादा की उसे इच्छा थी नहीं। पर एक दिन पता नहीं क्या सूझा कि ज्यादा कमाने का फितूर उसके दिमाग में घुस गया। अब फितूर था दिमाग में घुस गया, तो घुस गया, पर ज्यादा कमाएँ कैसे। अक्ल के घोड़े दौड़ने लगे। कुछ समझ में न आया तो उसने यही सोचा आज मंडी से ज्यादा आम खरीदे जायें, ज्यादा बेचे जायें तो ज्यादा पैसे आयेंगे। पर ज्यादा आम बिकेंगे कैसे। पहले ही थोड़े से आमों को बेचने में उसकी जान चली जाती है गुहार लगाते-लगाते। ज्यादा आम बेचने का मतलब था ज्यादा गुहार लगाना, ज्यादा गलियों के चक्कर काटना और ज्यादा थकना। पर ज्यादा पैसे तो तभी आयेंगे, जब यह सब करेगा। फिर सोचा यदि दो-चार पैसे ज्यादा मिलते हैं तो यह सब करने में हर्ज ही क्या है। दो-चार पैसे ज्यादा मिल जायेंगे तो वह उसके काम ही आयेंगे। भला आते हुए पैसे किसको खराब लगते हैं।

उसके दोस्त ने उसे सलाह दी, "देख भीमा, यदि कमाना है तो रोज शंकर

भगवान के मन्दिर जाया कर जो माँगेगा वह मिल जायेगा।"

"तू जाता है।" पूछ बैठ भीमा उससे।

"हाँ, मैं तो रोज जाता हूँ और हर सोमवार को व्रत भी रखता हूँ।" उसके दोस्त ने कहा।

"इससे पैसे आ जाते हैं ज्यादा?" पूछा भीमा ने।

"हाँ, काम चल ही जाता है।" उसने कहा।

सोचा भीमा ने, यदि मन्दिर जाने से ही उसकी कमाई बढ़ जाती है तो वह चला जायेगा,

लिहाजा अगले दिन मंडी से खरीदे ज्यादा आम और पहुँच गया शंकर भगवान के मन्दिर। हाथ जोड़कर प्रार्थना की— हे भगवान, आप सबके कष्टों को दूर करते हैं, मेरे भी कष्ट हरो प्रभु। मेरी आमदनी बढ़ाओ प्रभु, आज आपके आशीर्वाद से ज्यादा आम खरीद लिए हैं। कुछ ऐसा चमत्कार करना कि शाम तक मेरे सारे आम बिक जायें। शाम को इक्यावन रुपये का प्रसाद लेकर आऊँगा। आप तो भोले भंडारी हैं. मेरी झोली भी भर दो प्रभु।

प्रार्थना करके मन्दिर से निकला तो पंडित उसके सामने आ खड़ा हुआ।

पंडित को देखकर भीमा बोला, "शाम को आता हूँ इक्यावन रुपये का प्रसाद लेकर।"

"प्रसाद मत लाना, इक्यावन रुपये ही ले आना। जा भोले भंडारी तेरी मनोकामना पूरी करेंगे।"

उसने दो आम पंडित को दक्षिणा के तौर पर दिये और मन्दिर से बाहर आ गया।

आमों से लदे हुए अपने ठेले को लेकर वह पहुँच गया कॉलोनी में। खाते-पीते लोग थे इस कॉलोनी में। आज छुट्टी का दिन था और लोग घर पर ही थे। उसे उम्मीद थी भोले भंडारी आज उसकी झोली जरूर भरेंगे। मन में पूरी तरह भरोसा रखकर उसने जोर से गुहार लगाई, "बलसार के आम ले लो। रसीले, मीठे आम।"

गुहार के साथ-साथ अपने ठेले के नीचे बँधी घंटी भी बजा दी, जिससे घरों के अन्दर बैठे लोगों को पता चल जाये कि आम वाला आ गया है।

पर आवाज तो आवाज थी। ऊपर आकाश में जाकर ही कहीं खो गयी। न कोई सुगबुगाहट, न कोई हलचल, न कोई बाहर आया, न किसी ने झाँका, न पीछे से कोई आवाज आयी, न आगे से किसी ने पुकारा।

पर भीमा घबराया नहीं। उसे पता था कि लोग उसकी आवाज से एकदम नहीं आयेंगे। दो-चार मिनट सोचेंगे फिर निकलेंगे बाहर।

वह चुपचाप खड़ा हो गया। काफी देर तक कोई बाहर नहीं निकला तो उसने फिर से गुहार लगाई।

वह जोर-जोर से बलसार के आम ले लो रसीले, मीठे आम, बलसार के आम ले लो, रसीले मीठे आम...की गुहार लगाता रहा पर कुछ नहीं हुआ, कोई नहीं आया। किसी ने कोई आम नहीं खरीदे। हाँ, सूर्य देवता उस पर ज्यादा मेहरबान हो गये। पूरे वेग से अपनी किरणें धरती पर फेंकने लगे। उन किरणों से त्रस्त होकर वह पेड़ की छाँह में बैठ गया। धूप दूर-दूर तक फैली हुई थी चमकती हुई। गर्म हवाएँ चलने लगी थीं। गर्म हवाओं से बचने के लिए मुँह पर कपड़ा लपेट लिया था। शंकर भगवान के मन्दिर में इक्यावन रुपये का प्रसाद भी उसने चढ़ाना था। पर शंकर भगवान तो उसकी कोई मदद नहीं कर रहे थे। आधा घंटा बैठा रहा पर फौरन उसे ध्यान आया कि बैठने से क्या होगा। बैठे-बैठे तो आम बिकेंगे नहीं, लिहाजा उठ खड़ा हुआ। पूरी ताकत से गुहार लगाई, "आम ले लो, आम, बलसार के आम, मीठे, रसीले आम" और जोर से घंटी बजाने लगा।

पर इस बार आवाज वापस नहीं आयी। दो दरवाजे खुले और उनमें से बाहर आये दो लोग। कुछ सौदेबाजी हुई और कुछ आम बिके। भीमा के पल्ले में कुछ दाम आये। दो गली आगे जाकर फिर लगाई गुहार। इस बार फिर लोग आये, फिर सौदेबाजी हुई, फिर दाम आये। ऐसा एक दो-बार नहीं, बार-बार और कई बार हुआ।

कुछ देर वह सुस्ताया। पास के नल से पानी पिया और धूप का प्रकोप कम होते ही पेड़ों ने उसका साथ दिया, अपनी छायाओं को लम्बा कर दिया, घड़ी-भर भीमा ने उन छायाओं के नीचे आराम किया और फिर से पूरी ताकत सँजो कर गुहार लगाने लगा, "बलसार के आम ले लो...सस्ते मीठे आम..."

दोपहर तक कॉलोनियों के चक्कर काटते-काटते टाँगे थक गयीं। जी आया में आया चलो वापस चलते हैं। पर ठेले पर आम बहुत सारे थे। शंकर भगवान की कृपा भी अभी तक उस पर नहीं हुई थी। इतने आम तो वह रोज ही बेच देता था। आज ज्यादा लेकर आया था। सोचा, चलो कुछ और मेहनत करूँ, कुछ और गलियों के चक्कर लगाऊँ तो शायद कुछ और बिक जायें। उसमें उत्साह का संचार होने लगा।

दूसरी गली जाकर गुहार लगाई। दाम कम किये। फिर लोग आये। फिर आम बिके। थक कर चूर हो गया। सारा दिन धूप में गलियों में भटकते-भटकते शाम हो आई। टाँगों ने और चलने से मना कर दिया। गुहार लगाने की हिम्मत भी नहीं बची थी। गुहार लगाते-लगाते उसका गला बैठ गया था। बोलने में भी

गला दर्द करने लगा था। शंकर भगवान ने कोई उसकी मदद नहीं की।

पर भीमा ने हिम्मत नहीं हारी। उसे अपने पैरों पर भरोसा था, अपने आप पर भरोसा था। उसके पैर और हाथ और उसका गला और उसकी मेहनत। पैरों और हाथों में ताकत नहीं होती तो वह कैसे अपने ठेले को खींचता। गला साथ न देता तो कैसे गुहार लगा-लगा कर लोगों को बुलाता। यह उसकी हिम्मत ही थी कि वह सुबह से शाम तक गली-गली में आम बेच रहा था।

लेकिन फिर भी बहुत सारे आम बाकी रह गये थे। अब क्या करे। अब कोई आस नहीं बची थी। शाम होते ही आस की डोर टूटने लगी थी। शाम के समय उसकी गुहार भी बेअसर होने लगी थी। भोले भंडारी ने उसकी कोई मदद नहीं की, उलटे उसे थका और डाला। थक कर चूर हो गया। मन ही मन सोचा कि अब से लालच नहीं करेगा, किसी के चक्कर में नहीं आयेगा। खामखाह आज ज्यादा आम खरीदे। जितने के आम खरीदे थे, उतने पैसे भी हाथ में नहीं आये। ठेले पर आमों का अंबार लगा था।

शंकर भगवान ने भी उसकी कोई मदद नहीं की।

अब जो हुआ, सो हुआ, आयंदा वह किसी के बहकावे में नहीं आयेगा, न भगवान से कुछ माँगेगा।

शाम हो चली थी। ठेले पर बहुत सारे आम बचे हुए थे। भूख बहुत तेज लग आई थी। सोचा चलो एक चक्कर और लगा लूँ, शायद कुछ और आम बिक जायें। थक चुका था लेकिन फिर भी उसे अपनी मेहनत पर भरोसा था। अपनी गुहार पर यकीन था। आज आम नहीं बिके तो कल आम खरीदने के लिए पैसे नहीं होंगे उसके पास। आज इन्हें हर हालत में बेचना ही है, चाहे भाव थोड़े कम ही करने पड़ें। चाहे जिस भाव से खरीदे थे, उसी भाव बेचने पड़ें पर आम तो उसे आज बेचने ही होंगे।

शाम के समय गली-गली में वह गुहार लगाता रहा...अपनी बुलन्द आवाज में और बार-बार घंटियाँ बजाकर लोगों को अपने ठेले पर आने का निमंत्रण देता रहा।

पर कोई असर नहीं हुआ। न उसकी गुहार का, न ठेले की घंटियों का।

थोड़ी देर बाद एक स्कूटर उसके सामने आकर रुक गया। दो लड़के उसमें बैठे हुए थे। एक ने पूछा, "क्या भाव दिये आम।"

"ले लीजिए बाबू जी, सस्ते हैं।" उसने दयनीयता से कहा।

"सस्ते हैं, वो तो ठीक है. पर भाव तो बता।" दूसरे ने धमकाने के अन्दाज में कहा।

"जो आप दे देंगे, वही भाव है साब।" भीमा ने कहा।

उनमें से एक लड़के ने एक एक आम को हाथ से छूकर देखा और दूसरे से कहा, "इसी से ले लेते हैं। कौन दस किलोमीटर दूर मंडी में जायेगा। होटल में रात को आम पहुँचाने हैं।"

दूसरे ने भी हाँ में हाँ मिलाई।

"अच्छा बता सब आमों के कितने लेगा।" एक ने पूछा।

"बाजार से दो रुपये कम देना।"

"अच्छा ठीक है, चल सारे आम तोल दे।"

भीमा ने बिजली की फुर्ती से आमों को तौल कर उनके थैले में डाल दिया।

पैसे मिलते ही रोम-रोम में खुशी समा गयी। सारी थकान काफूर हो गयी। आखिर उसकी मेहनत रंग ले ही आयी। यदि घर की ओर मुड़ जाता तो शायद ये लोग उसे न मिलते और यदि ये न मिलते तो शायद सारे आम एक साथ न बिकते। इसीलिए वह हमेशा अपनी मेहनत पर यकीन करता था। आज ज्यादा मेहनत, ज्यादा फल।

वापसी में शंकर भगवान का मन्दिर उसे दिखाई दिया। याद आया, सुबह इक्यावन रुपये का प्रसाद लेकर आने का संकल्प किया था। फिर सोचा, पर इसमें शंकर भगवान ने तो कोई मदद नहीं की, तो वह क्यों इक्यावन रुपये का प्रसाद चढ़ाए। इक्यावन रुपये तो तब चढ़ाता जब सुबह-सुबह ही सारे आम बिक जाते। सारा दिन वह धूप में गुहार लगता रहा।

मेहनत मैंने की, मशक्कत मैंने की, चक्कर मैंने काटे, धूप में पसीना मैने बहाया, जिसकी वजह से आज चार पैसे ज्यादा मिले। शंकर भगवान ने क्या किया। नहीं चढ़ाऊँगा प्रसाद, कर लो जो करना है। उसने मन्दिर की तरफ देखते हुए कहा।

और तेज-तेज कदमों से घर की ओर चलने लगा।

उसे अपनी मेहनत का प्रसाद मिला था।

भँवर में...

चाहता तो वह गूगल के जनक सरगै ब्रिन की तरह बनना था, जिसकी वजह से गूगल दुनिया-भर में मशहूर हो गया और जिसकी वजह से क्लास का हर बच्चा 'गूगल करो' या 'गूगल कर लेना' या 'गूगल में देख कर बताता हूँ' कहता रहता था और जब एक दिन क्लास के मास्टर जी ने उसे यह बताया कि सरगै ब्रिन ने ही गूगल के लिए एक ऐसा सर्च इंजन बनाया है जो दुनिया-भर की तमाम वेबसाइटों में से छाँट कर व्यक्ति की अपनी जरूरत की वेबसाइट को उसके कम्प्यूटर स्क्रीन पर दिखा देता है, तो उसकी हैरानी की सीमा न रही और इसी वजह से गूगल गूगल बना। कमाल का दिमाग रहा होगा सरगे ब्रिन का, उसने सोचा। फिर उसने यह भी पढ़ा था कि दिमाग तो हरेक के पास होता है, लेकिन उसका पूरा उपयोग किये बिना ही लोग मर जाते हैं। पर वह अपने साथ ऐसा नहीं होने देगा, वह अपने दिमाग का पूरा उपयोग करेगा और कुछ ऐसा करेगा, जिससे लोग उसे भी जानें और उसका नाम और काम भी दुनिया में मशहूर हो।

फरदीन नाम था उसका। पाँचवीं क्लास में पढ़ता था। गुजरात के कच्छ जिले के मांडवी शहर में उसका घर था। घर क्या था रेलवे लाइन के पास कच्चा-पक्का घर था। काफी समय पहले जब मोरवी का डैम टूट गया तो उसका परिवार तबाह हो गया। उस समय उसके पिता ज़हीर ने मांडवी में आकर रहना शुरू किया। करीब चालीस साल की उम्र रही होगी ज़हीर की। कच्छ में ठीक-ठाक काम चल रहा था उसका। गुजारे लायक पैसे इस पुश्तैनी काम से मिल जाते थे। यहाँ आकर उसके पिता ने टेरिकोटा के खिलौने बनाने का काम शुरू किया। यह उनका पुश्तैनी काम था। मांडवी में यह काम वे अपने छोटे से घर में ही करते थे। शहर के किसी एहसान साहब से उनके ताल्लुकात थे जो खिलौने के बड़े व्यापारी थे और जो उसके बनाये हुए खिलौने खरीद लेते थे। ज़हीर कभी ऊँट, हाथी, घोड़े, तरह तरह के पक्षी बनाता, तो कभी घरों में रखे जाने वाले सजावटी

दीपक और फूलदान। जब कभी एहसान भाई कहते तो हुक्का या चिलम भी बना लिया करता था। उसके अपने घर में खिलौने बनाने के साँचे, बालू, पत्थर, छोटी-छोटी लकड़ियों का अम्बार लगा रहता था। घर के बाहर एक बहुत बड़ी भट्टी थी जिसमें खिलौने पक कर निकलते थे, कभी लाल तो कभी काले। ज़हीर खिलौनों को भट्टी में पकाने के बाद बालू से ढक देता था। कुछ दिन बाद वे खिलौने बाजार में बिकने के लिए तैयार हो जाते थे। महीने में एक बार एहसान भाई का कोई आदमी शहर से आकर उन सारे खिलौनों को ले जाता था और उसके बदले में कुछ पैसे उसे मिल जाते थे। मिट्टी को नया रंग और रूप देने उसकी बीवी फातिमा भी मदद करती।

ज़हीर चाहता था कि फरदीन भी उसके इस काम में हाथ बटाये, लेकिन फरदीन के दिमाग में सरगे ब्रिन ही चलता रहता था। फरदीन की इच्छा यह सब करने की नहीं थी। वह तो सरगै ब्रिन जैसा कुछ बनना चाहता था। फिर फातिमा भी कहती थी कि अभी लड़के को पढ़ने दो। अभी इस काम में मदद करने के लिए उसकी उम्र बहुत छोटी है।

क्लास में लड़के फरदीन का मजाक उड़ाते। कहते, "पैदल क्यों स्कूल में आता है, घोड़े पर आया कर। तेरे घर से रोज घोड़े बनकर बाजार में बिकने आते हैं।"

कोई कहता, "घोड़े पर नहीं आ सकता तो ऊँट पर आ जाया कर। हम भी ऊँट की सैर कर लेंगे।"

कभी कोई कहता, "तू पढ़-लिख कर क्या करेगा। बनाने तो तुझे ऊँट और घोड़े ही हैं।"

इस तरह की बातें फरदीन को नागवार गुजरतीं। लेकिन वह कुछ कहता नहीं। मन मसोस कर रह जाता।

एक दिन क्लास में मास्टर जी ने सब बच्चों से पूछा कि वे बड़े होकर क्या बनना चाहते हैं तो एक ने कहा कि "वह डॉक्टर बनना चाहता है" तो दूसरे ने कहा, ''वह ठेकेदार बनना चाहता है" तो किसी ने कहा कि "वह दुकान खोलना चाहता है।" जब फरदीन से पूछा कि तुम क्या बनना चाहते हो तो इससे पहले कि वह बताता, वह सरगै ब्रिन बनना चाहता है, उसका दोस्त रमेश बोल उठा, "यह क्या बनेगा सर! यह अपने पिता के साथ मिट्टी के खिलौने बनाया करेगा।" उसके इस हस्तक्षेप से पूरी क्लास एक साथ हँस पड़ी, पर फरदीन क्या बनना चाहता है यह बताने की चाह उसके मन में ही रह गयी। उसने अपने आप को उस दिन अपमानित भी महसूस किया।

एक दिन पिता ज़हीर ने फरदीन से कहा, "बहुत हो गयी पढ़ाई-लिखाई।

अब कल से भट्टी गर्म किया कर।"

"यह मुझसे नहीं होगा।" फरदीन ने डरते-डरते कहा।

"क्यों नहीं होगा।" ज़हीर ने डाँटते हुए पूछा।

"मुझे भट्टी से डर लगता है।" फरदीन ने कहा।

"इसमें डर किस बात का। कुम्हार के घर पैदा हुआ है तो कुम्हारी का काम तो सीखना ही पड़ेगा। भट्टी से जल थोड़े ही न जायेगा।"

"पर मुझे सवेरे-सवेरे स्कूल जाना होता है।" उसने तर्क दिया।

"अब स्कूल जाकर क्या करेगा। पढ़-लिख कर कोई कलक्टरी थोड़े ही तुझे मिल जायेगी।" ज़हीर ने डाँटने के अन्दाज में कहा।

"कलक्टरी न भी मिले पर मुझे यह काम नहीं करना।" फरदीन ने प्रतिवाद किया।

उसे पता था कि यदि वह एक बार इस काम में फँस गया तो अपने बाप जैसा ही कुछ बन कर रह जायेगा और इस काम में हाथ डालने का मतलब था कि सरगै ब्रिन जैसा बनने का उसका सपना उसके अपनी घर की भट्टी में भस्म हो जायेगा, जिसे वह किसी भी हालत में नहीं होने देना चाहता था।

फरदीन के इस जवाब से ज़हीर पहले तो नाराज हुआ, फिर समझाने के मूड में आ गया। कहा, "हाँ देख बेटा, मैंने बहुत मुश्किलें उठाकर यह काम शुरू किया। अब यह काम ठीक-ठाक चल निकला है, तो इससे मुँह मत मोड़। इसी काम से हमारे परिवार का गुजारा हो रहा है और आगे भी होता रहेगा। यह हमारा पुश्तैनी काम है।"

लेकिन फरदीन को अपने इस पुश्तैनी काम में कोई दिलचस्पी नहीं थी। वह तो चाहता था कि उसका पिता कभी उससे पूछे कि सूर्य की किरणें जमीन पर कितने समय में पहुँचती हैं या आवाज से पहले रोशनी क्यों दिखाई देती है या मछली पानी से बाहर निकलते ही क्यों तड़पने लगती है तो वह इन सवालों का जवाब फौरन दे दे। लेकिन ज़हीर के जेहन में इस तरह के सवाल कभी आये ही नहीं और न ही उसे ऐसे सवालों से कोई मतलब था। उसका काम तो टेरिकोटा के खिलौने बनाना था और उन्हें एहसान भाई की दुकान में बेच देना था।

पर पिछले कुछ दिनों से पता नहीं क्या हुआ, एहसान का आदमी खिलौने और मूर्तियाँ लेने उसके घर नहीं आया। एक महीना गुजर गया, पर एहसान की दुकान से कोई नहीं आया। दूसरा महीना भी गुजर गया, तब भी कोई नहीं आया। इसी

तरह तीसरा और चौथा महीना भी गुजर गया, तब भी कोई नहीं आया। काफी सारे खिलौने बन कर तैयार हो गये थे। एहसान के आदमी के न आने से ज़हीर की चिन्ता बढ़ती जा रही थी, क्योंकि घर का खर्च चलाना मुश्किल हो रहा था। कुछ पैसे इधर-उधर से लेकर ज़हीर ने चार महीनों तक अपना काम चलाया।

एक दिन फरदीन की माँ फातिमा ने कहा, "एहसान भाई ने अपनी दुकान तो नहीं बन्द कर दी। चौथा महीना हो गया, उनका कोई आदमी खिलौने लेने नहीं आया।"

उसका मन आशंकाओं के समन्दर में डूबने लगा था।

"नहीं, कैसी बातें करती हो। दुकान कैसे बन्द हो सकती है। बहुत बड़ा कारोबार है उनका। शायद एकाध रोज में किसी को भेजते होंगे।" ज़हीर ने उसकी आशंका को दूर करने की कोशिश की।

"क्यों न खुद ही जाकर उनसे मिल आओ। असलियत का पता चल जायेगा।" फातिमा का डर बरकरार था।

ज़हीर उसकी बात सुनकर कुछ लमहे चुप रहा। फिर बोला, "ठीक है। कल ही जाकर पता करता हूँ कि बात क्या है। पर तुम फिक्र न करो।"

अगले दिन ज़हीर शहर के बाजार में पहुँच गया, जहाँ एहसान भाई की दुकान थी। बहुत सँकरा-सा बाजार था। तरह-तरह की दुकानें। एहसान की दुकान के पास पहुँचकर ज़हीर ने देखा कि एहसान भाई अपनी दुकान पर ग्राहकों से घिरे बैठे थे। एहसान ने ज़हीर को देखकर आँखों ही आँखों में दुकान के बाहर बैंच पर बैठने का इशारा किया और ग्राहकों से बात करने में मशगूल हो गये।

ज़हीर ने सोचा कि पास ही में उसके दोस्त इकबाल की तस्वीरों पर फ्रेम मढ़ने की दुकान है, तब तक उससे मिल आऊँ। वह धीरे-धीरे चलता-चलता उसकी दुकान पर पहुँचा। दुकान में कुरान की आयतों की अनेक फ्रेम की हुई तस्वीरें लगी थीं। पूरी दुकान में कुरान की आयतों की फ्रेम लगी हुई थीं, जो शायद ग्राहकों की थीं। इकबाल की दुकान में दो महिलाएँ खड़ी थीं। शायद वह कुछ तस्वीरें फ्रेम करवाने के लिए आयी थीं। इकबाल कुछ देर उनसे बात करता रहा।

उन दो महिलाओं में से एक महिला से इकबाल ने कुछ पैसे लिए और कुरान की आयतों के फ्रेमवाली तस्वीरों के पीछे से एक फ्रेम की हुई तस्वीर निकाली। उस फ्रेम को अख़बार में लपेट कर इकबाल ने महिला को दिया, गोया कोई उस तस्वीर को देख न ले।

ज़हीर ने यह नजारा बहुत गौर से देखा पर उसकी समझ में नहीं आया कि

इकबाल ने फ्रेम को अख़बार में लपेट कर इस तरह चुपके से क्यों दिया।

जब इकबाल अपने ग्राहकों से फारिग हुआ तो उसने ज़हीर की तरफ देखते हुए पूछा, "आज इधर कैसे आना हुआ ज़हीर भाई।"

"बस जरा एहसान भाई की दुकान तक आया था। सोचा तुम से भी मिलता चलूँ।"

''अच्छा किया।'' इकबाल ने कहा और पूछा, "सब खैरियत तो है।"

"हाँ, सब खैरियत है। एहसान भाई ने कई दिनों से अपना सामान लेने के लिए किसी को नहीं भेजा।" ज़हीर ने अपना दुःख इकबाल के सामने रख दिया।

"नहीं भेज पाये होंगे। आजकल बाजार बहुत मंदा हो गया है। शायद इसलिए नहीं भेज पाये होंगे।" इकबाल ने बताया।

"मंदा..." ज़हीर ने हैरानी व्यक्त की।

"हाँ भाई, बहुत ही मंदा है। मेरी ही दुकान में जहाँ पहले रोज दस-बारह ग्राहक आते थे, अब मुश्किल से दो या तीन ही आ पाते हैं। दुकान का खर्चा निकालना मेरे लिए मुश्किल हो रहा है।"

इकबाल ने अपनी पीड़ा बयान की। ज़हीर समझ नहीं पाया कि इकबाल क्या कह रहा है। उसने सोचा, धन्धा कम होने की शिकायत हर दुकानदार करता है। शायद इकबाल भी ऐसी ही कुछ शिकायत कर रहा होगा।

"तुमने अख़बार में लपेट कर उस महिला को क्या दिया।" ज़हीर ने तीर जैसा सवाल इकबाल से किया।

ज़हीर के मन में शंका ने जन्म लिया, जिसका समाधान वह कर लेना चाहता था।

"अब तुमसे क्या छिपाना। दरअसल अब मैं कुरान की आयतों के साथ-साथ शिव, पार्वती, वैष्णो देवी, गणेश, राम और सीता की तस्वीरों को भी फ्रेम में मढ़कर देने लगा हूँ। अब केवल कुरान की आयतों को फ्रेम में मढ़ने से ही तो दुकान नहीं चल सकती। इन देवी-देवताओं की तस्वीरों को फ्रेम करवाने बहुत लोग आने लगे हैं।"

इकबाल ने यह रहस्य ज़हीर को इस तरह बताया, जैसे उसने कोई बहुत बड़ा अपराध किया हो।

"वो तो ठीक है। पर फ्रेम को इस तरह अख़बार में लपेट कर क्यों दिया।" ज़हीर ने दूसरा सवाल किया।

"अब खामखाह लोगों को पता चले कि मैंने इस तरह का काम भी शुरू कर दिया तो भाई लोग बावेला भी खड़ा कर सकते हैं। इससे बचने के लिए ही

यह तरीका निकाला है।" इकबाल ने मुस्कराते हुए कहा।

ज़हीर को समझते देर नहीं लगी कि माहौल बदल रहा है। ऐसे माहौल में यह करना जायज है। बाजार से गुजरते वक्त उसने देखा था कि बाजार में जहाँ उस्मान की बेकरी थी, अब उसकी जगह भगवती शोरूम खुल गया था। सलीम ड्राई क्लीनर्स ने अपनी दुकान का नाम बदल कर एडवर्ड ड्राई क्लीनर्स रख लिया था। उसके एक और दोस्त इम्तियाज ने अपनी दर्जी की दुकान बन्द करके कैम्ब्रिज कम्पनी की डीलरशिप ले ली थी और रेडीमेड कपड़े बेचने लगा था।

ज़हीर ने बाजार में यह भी देखा था पहले इस बाजार में तंग मोरी का पायजामा और सर पर गोल-गोल टोपियाँ पहने बहुत सारे लोग दिखाई देते थे, अब बहुत कम लोग ऐसे लिबास में दिखाई दे रहे थे। ज़हीर इस बदलाव को देखकर थोड़ा हैरान भी हुआ और परेशान भी।

"ठीक है भाई, वक्त के हिसाब से बदलना पड़ता है।" ज़हीर ने इकबाल के काम का समर्थन-सा किया।

कुछ देर बाद ज़हीर जब एहसान की दुकान पर पहुँचा तो देखा कि दुकान में कोई ग्राहक न था। एहसान भाई दुकान में अकेले थे।

ज़हीर को देखते हुए एहसान ने उनका स्वागत करते हुए कहा, "आओ ज़हीर भाई, कैसे आना हुआ।"

"बस यूँ ही। कई दिनों से आपने किसी को भेजा नहीं तो मैंने सोचा कि मैं ही हाल-चाल पूछ आऊँ।" ज़हीर के स्वर में निरीहता का भाव था।

उसके मन में इकबाल द्वारा बताई हुई मंदी की बातें गूँज रही थीं। पता नहीं उसे कुछ गलत होने की आशंका हो रही थी।

"बस यू हीं नहीं भेजा किसी को। आजकल धन्धा एकदम ठप्प हो गया है।" एहसान भाई ने कहा।

सुनते ही ज़हीर का कलेजा काँप-सा गया। उसकी आशंका सच होती दिखाई दे रही थी।

"हाँ, इकबाल भाई भी यही कह रहे थे।" ज़हीर ने उसकी बात का समर्थन किया।

"पूरा बाजार ही मंदा है। ग्राहक पता नहीं कहाँ चले गये।" एहसान भाई ने कुछ अनमने मन से कहा।

"आपका सामान बहुत बनकर तैयार हो गया है। भिजवा दूँ?" ज़हीर ने संयत स्वर में अपने मन की बात कही और एहसान भाई का मुँह देखने लगा। उसे लग रहा था कि एहसान भाई सामान भिजवाने के लिए कहेंगे, लेकिन एहसान

भाई कुछ नहीं बोले। ज़हीर की बात सुनकर चुप रहे।

उन्हें चुप रहते देख ज़हीर ने फिर कहा, "हर महीने आप का आदमी आता था। बरसों से हमारा और आपका लेन-देन चल रहा है। आपका आदमी आता ही होगा, यही सोच कर मैंने बहुत सारा सामान आपके लिए बना लिया है।"

ज़हीर के स्वर में एक याचना थी।

"वो तो ठीक है। पर अब टेरिकोटा के खिलौनों को लोग पसन्द नहीं कर रहे हैं। पहले का काफी सामान भी अभी बिनबिका पड़ा है।" एहसान भाई ने ज़हीर को हकीकत से रू-ब-रू करवाया।

सुनकर ज़हीर घबरा-सा गया। यदि इकबाल भाई ने उसका सामान नहीं लिया तो वह बहुत बड़ी मुसीबत में फँस जायेगा।

"ऐसा न कहें एहसान भाई! ग्राहक तो सब तरह के आते हैं।" ज़हीर की बात में बेचारगी टपक रही थी।

"आजकल उस तरह के खिलौनों को ग्राहक पसन्द नहीं करते। अब प्लास्टिक के बहुत से खिलौने बाजार में आ गये हैं। चीन के खिलौने सस्ते दामों पर बिक रहे हैं। अब आजकल आपके बनाये हुए खिलौनों को कोई नहीं ख़रीदता।" एहसान भाई ने दो-टूक शब्दों में कहा।

एहसान भाई की बातें सुनकर ज़हीर का दिल बैठ-सा गया। अब यदि उसके टेरिकोटा के खिलौने नहीं बिकेंगे तो उसका क्या होगा। उसके परिवार का क्या होगा। कैसे वह अपने परिवार का पेट पालेगा। उसकी आँखों के आगे अँधेरा-सा छाने लगा था।

"मैं क्या करूँ????" ज़हीर की आवाज में दयनीयता थी।

"मैं क्या बताऊँ। इस मंदी में तो हम लोगों का जीना भी मुश्किल हो रहा है। मैं आपको क्या बताऊँ। हम लोग खुद ही भँवर में फँस गये हैं।" एहसान भाई ने कहा।

एहसान भाई की बातें सुनकर ज़हीर चुप हो गया। एहसान भाई भी चुप हो गये। ज़हीर की समझ में नहीं आ रहा था कि अब वह और क्या बात करे। उसे लगा कि एहसान भाई के साथ साथ वह भी भँवर में फँस गया है।

"एक काम करो आप।" अचानक एहसान भाई ने कहा।

ज़हीर खुश हो गया। लगा कि एहसान भाई उसे भँवर से निकलने का रास्ता बताने वाले हैं। बोला, "कहिए..."

"आप टेरिकोटा के खिलौने बनाना बन्द कर दीजिए।" एहसान भाई ने बेधड़क होकर कहा।

एक पल के लिए तो ज़हीर यह सुनकर हैरान रह गया। यह एहसान भाई क्या कह रहे हैं। टेरिकोटा के खिलौने बनाना तो उसका पुश्तैनी काम है। इस काम को वह कैसे बन्द कर सकता है।

"वो तो मेरा पुश्तैनी काम है। उसे बन्द कर दूँ तो फिर क्या करूँ।" उसके मन में सवालों का भँवर उमड़ने लगा था।

"पुश्तैनी काम है वो तो ठीक है, पर अब पुश्तैनी काम के सहारे ही जिन्दगी नहीं चल सकती। अब आपको भी बदलना होगा।" एहसान भाई ने नसीहत देते हुए कहा।

"मुझे भी...मतलब..." ज़हीर ने पूछा।

"हाँ आपको भी...आपको बाजार से अन्दाजा मिल गया होगा। सब बदल गये हैं। आपको भी बदलना होगा। यह बदलाव ही आपको इस भँवर से निकालेगा।" एहसान भाई ने उसे समझाते हुए कहा।

"तो क्या करना होगा मुझे।" उसने जानना चाहा।

"आप घरों में रखने वाले छोटे-छोटे मन्दिर बनायें। हर साइज के मन्दिर। आजकल इनकी माँग बहुत बढ़ गयी है। हर घर में पूजा घर होने लगा है। लोग देवी देवताओं की मूर्तियाँ अपने घर के पूजा घर में रखने लगे हैं।"

एहसान भाई ने ज़हीर को बदलते समय की नब्ज से वाकिफ करवा दिया।

एक पल के लिए तो छोटी-सी खुशी का भाव उसके मन में समा गया। पता नहीं यह खुशी टेरिकोटा के खिलौने का काम बन्द करने की थी या आमदनी के नये तरीकों को खोजने की थी।

"मन्दिर..." उसकी आँखें फटी की फटी रह गयीं।

"हाँ मन्दिर। छोटे-छोटे मन्दिर...आजकल लोग अपने घरों में मन्दिर रखने लगे हैं। जैसा घर वैसा मन्दिर। घर छोटा तो छोटा मन्दिर, घर बड़ा तो बड़ा मन्दिर। आप मन्दिर बनाइए और दस दिन बाद पचास मन्दिर लेने के लिए मैं अपने आदमी को आपके पास भेज दूँगा। आप चाहें तो मैं आपको कुछ पेशगी भी दे सकता हूँ..." एहसान भाई ने ज़हीर के सामने भविष्य का नक्शा-सा रख दिया।

ज़हीर समझ नहीं पाया कि एहसान भाई क्या कह रहे हैं। यानी अब वह टेरिकोटा के खिलौने बनाने का अपना पुश्तैनी काम छोड़कर मन्दिर बनाये। उसकी आँखों के सामने इकबाल का अखबार में लपेट कर फ्रेम देने का दृश्य कौंध-सा गया। उसे सारा माजरा समझते देर नहीं लगी। उसकी समझ में अच्छी तरह आ गया कि इस बदले माहौल में जिन्दा रहना है तो टेरिकोटा के खिलौने बनाने का अपना पुश्तैनी काम छोड़ना होगा।

“ठीक है भाई, जैसा आप कहें।” ज़हीर ने उसके आगे हथियार डाल दिये।

“देखो ज़हीर भाई, समय बहुत कम है। यदि तुम वाकई मन्दिर बना सकते हो तो यह काम लो, वरना रहने दो। शहर के बड़े व्यापारी से मेरी डील हो चुकी है।” एहसान भाई का स्वर कुछ नरम हो गया।

“आप बिल्कुल फिक्र न करें। समय से पहले आपको पचास मन्दिर बने हुए मिलेंगे। आप दस दिन बाद अपना आदमी भेज दीजिये।” ज़हीर ने कहा।

उसने एहसान भाई से कुछ पैसे भी लिए और दुकान से उतर आया।

घर में जब ज़हीर ने कदम रखा तो फातिमा ने उसके बुझे चेहरे को देखकर पहचान लिया कि कुछ अनहोनी हुई है।

“क्या हुआ, सब खैरियत तो है।” उसने घबराते हुए पूछा।

उसके मन में चिन्ताओं का पहाड़ आकार लेने लगा था।

“हाँ, सब खैरियत है।” ज़हीर ने संयत स्वर में कहा।

“तो फिर चेहरा क्यों लटका रखा है।” फातिमा ने ज़हीर से पूछा।

“अब हमें टेरिकोटा के खिलौने बनाने का काम बन्द करना पड़ेगा।” उसने फातिमा से कहा।

“क्यों...बन्द क्यों??” फातिमा का डर एकाएक सामने आ गया।

“एहसान भाई कह रहे थे अब इस तरह के खिलौने नहीं बिकते। हमारा पहले का काफी सामान बिनबिका पड़ा है।” ज़हीर ने बताया।

“हम यह काम बन्द कर देंगे तो करेंगे क्या, खायेंगे क्या।” उसका डर लगातार बड़ा हो रहा था।

ज़हीर फातिमा के सामने कुछ देर निरुत्तर-सा खड़ा रहा। फिर कहा, “एहसान भाई ने कहा है कि हमें मन्दिर बनाने चाहिए। पूजाघरों में रखने वाले मन्दिर।”

फातिमा यह सुनकर हैरान रह गयी। अब ज़हीर, फातिमा मिलकर मन्दिर बनायेंगे।

“ऐसा क्यों।” उसने जानना चाहा।

“आजकल जमाना बदल गया है। एहसान भाई कह रहे थे कि अब टेरिकोटा के खिलौनों के खरीददार नहीं रहे। अब घरों के पूजा घरों में रखने वाले मन्दिरों की माँग होने लगी है।”

हैरान रह गयी फातिमा, ज़हीर से यह सब सुनकर।

“क्या बच्चों ने खेलना बन्द कर दिया या लोगों ने अपने घर में सजावटी सामान रखना बन्द कर दिया।” उसने ज़हीर से सवाल किया।

"वो तो मुझे पता नहीं, पर अब हमें पचास मन्दिर दस दिन में बनाकर देने हैं।" ज़हीर ने कहा।

"इतनी जल्दी कैसे बनाओगे पचास मन्दिर।" उसने सवाल किया।

"वह सब हो जायेगा। कल से हम सब मिलकर यह काम करेंगे। फरदीन को इस काम में शामिल होना होगा।" ज़हीर ने पुलकित स्वर में कहा।

अगले दिन फरदीन जब स्कूल जाने लगा तो ज़हीर ने उसे स्कूल जाने से मना कर दिया। कहा, "बेटा, आज से तुम्हारा कुछ दिनों के लिए स्कूल जाना बन्द।"

फरदीन अपने में ही मगन था। पिता से यह सुनकर हैरान रह गया। यह अचानक उसके पिता को क्या हुआ जो उसे स्कूल जाने से मना कर रहे हैं।

"क्यों..." उसने अपने पिता को अजीब-सी आँखों से घूरते हुए पूछा।

"तुम हमेशा कुछ नया करने के लिए कहते थे न। तो आज मैं तुमको नया काम सिखाऊँगा।"

"नया काम...कौन-सा नया काम।" फरदीन हैरान रह गया।

"नया काम, आज से तुम मेरे साथ मन्दिर बनाओगे। छोटे-छोटे मन्दिर जिन्हें लोग अपने घरों के पूजा घर में रखते हैं।''

"पर मेरा स्कूल..." फरदीन एक दम घबरा-सा गया।

"वह तुम बाद में चले जाना।" ज़हीर ने फरमान-सा दिया।

"पर अगले हफ्ते मेरे सालाना इम्तिहान हैं।" फरदीन के स्वर में बेचारगी थी।

"इम्तिहान अगले साल दे देना। एक साल रुक जाओगे तो फर्क नहीं पड़ेगा, पर यदि दस दिन में पचास मन्दिर न बने तो हम सबको फर्क पड़ेगा। अब ज्यादा बहस नहीं करो, आज स्कूल मत जाओ। मेरे साथ बाजार चलो। मन्दिर बनाने का सामान लेकर आना है।" ज़हीर ने बिना पल गँवाए फरदीन को डाँटते हुए कहा।

फरदीन भौचक्का होकर अपने पिता को देखने लगा। वह तो सरगे ब्रिन जैसा कुछ बनना चाहता है, पर अब मन्दिर बनाना...

उसके मन में सवाल उठने लगे कि क्या वह सरगे ब्रिन जैसा नहीं बन पायेगा। क्या वह सारी जिन्दगी मन्दिर बनाने का ही काम करता रहेगा।

ऐसे माहौल में...

प्लेटफार्म से बाहर निकलते ही एक अजीब-सी खुशी भरत परीक के मन की भीतरी तह तक समा गयी थी। एक दिली इच्छा थी उसकी इस शहर में आकर काम करने की। यह शहर हमेशा से ही उसे आकर्षित करता रहा। खुला दिल, खुला दिमाग, खुले लोग, खुली सड़कें, सब कुछ भव्य, मनमोहक, आकर्षक। बीस साल बाद वापस इस शहर में आये थे। हालाँकि वे पहले भी इस शहर में रह चुके थे, लेकिन तब की बात और थी। तब यह शहर इतना बड़ा नहीं हुआ था और न ही इतनी सारी भीड़-भाड़ इस शहर में थी। लेकिन धूम इस शहर की तब भी थी और अब भी है। चमक इस शहर की तब भी थी और अब और ज्यादा है। शहर में इन बीस सालों में बड़ी-बड़ी सड़कें बन गयीं, सैकड़ों फ्लाई ओवर बन गये। जगह-जगह मॉल बन गये। मेट्रो रेल ने पूरे शहर को बाँध दिया जिसका इस शहर वालों को बहुत फख्र था। किसी विराट डायनासोर की तरह यह शहर पसर गया था।

"कितने समय तक चाहिए तुम्हें घर।" प्रेम कुमार ने पूछा।

प्रेम कुमार एक अर्से से जानते थे भरत परीक को। जब वे गुजरात में थे तब से। उन्हीं की कम्पनी में काम करते थे। भावनगर में घर तलाशने से लेकर उनके बच्चों के स्कूल एडमीशन तक भरत परीक ने उसकी बहुत मदद की थी। एक प्रकार के पारिवारिक सम्बन्ध बन चुके थे उन दोनों के बीच।

"कम से कम तीन साल तक के लिए। अब तीन साल से पहले तो मेरा वापस ट्रांसफर होने से रहा, तुम तो जानते हो। उससे ज्यादा भी यहाँ रहना पड़ सकता है। पर कम से कम तीन साल तो तुम मानो ही।" भरत परीक ने कहा।

प्रेम कुमार को पता था कि वह तीन साल तक तो इस शहर में रह ही सकता था। उसकी कम्पनी ने उनका तबादला इस शहर में किया था। इस शहर में अपने तबादले से वे खुश भी बहुत हुए। पर चलते वक्त उन्हें आगाह भी किया

गया था। बहुत जालिम शहर है वह। सँभल कर रहना। पर वह समझ नहीं सके थे कि इस शहर के बारे में ऐसी धारणा क्यों है?

"ठीक है, कल सुबह सोसायटी में इलेक्शन है, वहाँ बहुत सारे लोग मिलेंगे।" प्रेम कुमार ने कहा।

"है कोई फ्लैट सोसायटी में खाली।" भरत परीक ने जानना चाहा।

"हाँ है खाली इस सोसायटी में। दो-तीन लोग हैं जो अपना फ्लैट किराये पर देना चाहते हैं।" प्रेम कुमार ने कहा।

"तब तो बहुत अच्छी बात है। इसी सोसायटी में फ्लैट किराये पर मिल जाये तो बहुत अच्छा रहेगा। तुम्हारा सहारा भी बना रहेगा।" भरत परीक ने खुश होकर कहा।

"एक फ्लैट तो सोसायटी के सेक्रेटरी का ही है। वह भी किराये पर देना चाहता था। पता नहीं दिया या नहीं। कल सुबह बात कर लेंगे।" प्रेम कुमार ने आश्वस्त किया।

वे मन ही मन सोच रहे थे कि इस सोसायटी में उन्हें रहने के लिए फ्लैट मिल जाये तो बेहतर रहेगा। मेट्रो स्टेशन से एकदम पास है यह सोसायटी। आफिस आने-जाने में बहुत सुविधा हो जायेगी और प्रेम कुमार का साथ भी रहेगा।

"अभी कहाँ ठहरे हो?" प्रेम कुमार ने पूछा।

"अभी तो कम्पनी के गेस्ट हाउस में ठहरा हूँ।" भरत परीक ने बताया।

"अच्छी बात है। कल सुबह नौ बजे तक आ जाओ। नाश्ता यहीं कर लेना, फिर सोसायटी के सेक्रेटरी से बात कर लेंगे।" प्रेम कुमार ने कहा।

अगले दिन सुबह नौ बजे ही भरत परीक पहुँच गये प्रेम कुमार के पास। नाश्ता करते समय भी प्रेम कुमार के पास कई फोन आ रहे थे। फोन करने वाला हर व्यक्ति यह याचना कर रहा था कि वे आज सुबह दस बजे वोट देने जरूर आयें और कहीं जाना हो तो वोट देने के बाद ही जायें। प्रेम कुमार सबको आश्वस्त कर रहे थे कि वे जरूर आयेंगे।

"क्या बात है आज। सवेरे-सवेरे बहुत लोग फोन कर रहे हैं।" भरत परीक ने जानना चाहा।

"आज सोसायटी के सेक्रेटरी और सदस्यों का चुनाव है। इसलिए लोग बार-बार फोन कर रहे हैं।"

"पर लगता तो ऐसा है कि विधानसभा का चुनाव हो। बहुत लोग फोन कर रहे हैं।" भरत परीक ने पूछा।

"विधानसभा से भी ज्यादा महत्वपूर्ण हो गया है यह चुनाव।" प्रेम कुमार ने कहा।

"क्यों? ऐसा क्या..."

"बस ऐसा ही समझ लो। दरअसल सोसायटी वाले नहीं चाहते कि सांगवान फिर से सेक्रेटरी बने। पिछले महीने उसके खिलाफ अविश्वास प्रस्ताव पास हो चुका है।"

"क्यों, ऐसा क्यों..."

"लोग कहते हैं कि उसने सोसायटी के खातों में बहुत हेरा-फेरी की है। इसकी शिकायत डीडीए को भी गयी है। अब सोसायटी की पुरानी कमेटी को भंग कर दिया गया है और आज नई कमेटी का चुनाव है। सांगवान फिर से सेक्रेटरी के लिए खड़ा हो रहा है।" प्रेम कुमार ने चुनाव की पूर्व पीठिका के बारे में बताया।

"तब तो आज का चुनाव बहुत महत्वपूर्ण होगा।" भरत परीक ने कहा।

"हाँ, बहुत महत्वपूर्ण है। डी डी ए वाले भी आ रहे हैं, और मजेदार बात यह है कि चुनाव के दौरान वीडियो रिकार्डिंग भी की जा रही है।" प्रेम कुमार ने बताया

उसी सोसायटी के ग्राउंड फ्लोर के एक फ्लैट में आफिस था। ढेर सारे लोग सोसायटी के आफिस के बाहर इकट्ठा हो गये थे और अपने-अपने समर्थकों से मोबाइल फोन पर चुनाव में वोट देने के लिए आने की प्रार्थना कर रहे थे। सोसायटी के आफिस के एक कमरे में पोलिंग बूथ बनाया गया था। बाकायदा मत पेटिका, पोलिंग अफसर और सदस्यों की सूची थी। डीडीए का प्रतिनिधि भी मौजूद था। वीडियो रिकार्डिग के लिए इस कमरे में तीन-चार कैमरे भी लगे हुए थे। उस कमरे में केवल चुनाव करवाने वाले लोग ही जा सकते थे। इसके बावजूद काफी सारे लोग उस कमरे में इकट्ठे हो गये थे।

चुनाव प्रक्रिया अभी शुरू नहीं हुई थी। धीरे-धीरे लोग आ रहे थे।

"ये मेरे मित्र हैं भरत परीक। मेरी कम्पनी में ही काम करते हैं। इन्हें इस सोसायटी में फ्लैट चाहिए किराये पर।" प्रेम कुमार ने सोसायटी के सेक्रेटरी सांगवान से उनका परिचय कराते हुए कहा।

सांगवान ने भरत परीक को गौर से देखा। दुबले-पतले साँवले से थे भरत परीक। चालीस के आसपास उम्र रही होगी। बालों में सफेदी झलकने लगी थी।

"कहाँ से आये हैं आप।" सांगवान ने जानना चाहा।

"भावनगर, गुजरात से..."

"कहाँ काम करते हैं।"

"इंश्योरेंस कम्पनी में काम करता हूँ।"

इतना पूछ कर सांगवान थोड़ी देर रुक गये। नाक पर आये अपने चश्मे को ठीक किया। मन ही मन सोचा, गुजरात का आदमी है। सीधा-सादा लगता है। अपना फ्लैट किराये पर देने में कोई परेशानी नहीं होगी। देर-सबेर खाली कर ही देगा।

"हूँ, कितने समय के लिए फ्लैट चाहिए इन्हें।" यह सवाल सांगवान ने प्रेम कुमार से किया।

पर जवाब भरत परीक ने ही दिया, "कम से कम तीन साल के लिए तो चाहिए ही।"

"ठीक है, मेरे भाई का फ्लैट है इसी सोसायटी में। आप देख लीजिए। पसन्द आये तो बताइये। फिर बाकी की बातें बाद में कर लेंगे। आज सोसायटी का चुनाव है। तब तक आप फ्लैट देख आइए।" सांगवान ने उन्हें आश्वस्त किया और चुनावी प्रक्रिया में तल्लीन हो गया।

पहली मंजिल पर उनका फ्लैट था। फ्लैट उन्हें पसन्द आया था। जब तक प्रेम कुमार फ्लैट दिखाकर वापस आये तब तक सोसायटी के आफिस के बाहर काफी लोग आ गये थे। महिलाएँ, पुरुष, बच्चे। बहुत सारे लोग मौजूद थे। किसी मेले जैसा माहौल हो गया था। लोगों की भीड़ को देखकर प्रेम कुमार ने कहा, "लगता है सांगवान ने काफी लोगों को जमा कर लिया है अपने समर्थन में।"

"अपने समर्थन में, मतलब..." भरत परीक ने जानना चाहा।

"सोसायटी के बहुत सारे लोग इसे हटाना चाहते हैं। प्रापर्टी डीलर बना बैठा है। पैसा खाने के बहुत सारे आरोप हैं इस पर। इसीलिए दुबारा चुनाव हो रहे हैं। डीडीए वाले भी आ गये हैं शायद।"

"पर घर तो किराये पर दे देगा न।" भरत परीक ने आशंकित होकर पूछा।

"हाँ, वो तो दे देगा। उसमें इसका फायदा भी तो है।" प्रेम कुमार ने भरत परीक को आश्वस्त किया।

सोसायटी में चुनाव की कार्यवाही शुरू हो चुकी था। एक कमरे में पोलिंग बूथ बनाया गया था। लोग एक-एक करके कमरे में जाते और अपना वोट देते और कमरे से बाहर आकर भीड़ में शामिल हो जाते। वोटिंग देने की पूरी कार्यवाही की वीडियो रिकार्डिंग भी हो रही थी। कुछ लोग चुनाव की प्रक्रिया को देखने के लिए बार-बार उस कमरे में चले जाते। पर चुनाव प्रक्रिया से जुड़े लोग उन्हें

कमरे से बाहर जाने के लिए बार-बार कह रहे थे। लेकिन लोगों पर उनकी बात का कोई असर नहीं हो रहा था। वोट देने वालों के साथ-साथ बाकी लोगों का भी उस कमरे में आना-जाना बरकरार था।

प्रेम कुमार ने देखा कि इस बार बहुत सारी महिलाएँ और लड़कियाँ भी जमा हो गयी थीं। कुछ को वह पहचानता था। कुछ को नहीं। एक लड़की सबसे ज्यादा इधर-उधर चहलकदमी कर रही थी। सांगवान की लड़की नुपुर थी। किसी एमएनसी में काम करती थी। करीब पच्चीस-तीस साल की उम्र रही होगी। तेज तर्रार। जीन्स और टॉप पहने हुए। वह कभी महिलाओं के खेमे में जाती, तो कभी पुरुषों के खेमे में। शायद अपने पिता को वोट देने के लिए कह रही थी। बीच-बीच में वोटिंग वाले कमरे में वीडियो रिकार्डिंग वालों के पास भी पहुँच जाती। उन्हें कुछ अनुदेश देती।

भरत परीक को यह नजारा बड़ा दिलचस्प लग रहा था। वह भी प्रेम कुमार के साथ इस भीड़ का हिस्सा बन गये थे।

"यह नुपुर एक जगह टिक कर क्यों नहीं बैठती। इधर-उधर क्यों घूम रही है।" किसी ने कहा।

"अपने बाप का प्रचार कर रही होगी।" किसी दूसरे ने कहा।

"अब जितना मर्जी प्रचार कर ले, सांगवान को तो हटना ही होगा।" किसी ने कहा।

अचानक लोगों ने देखा कि नुपुर किसी एक लड़के पर जोर-जोर से चिल्ला रही थी, "हाऊ डेयर यू टच मी...आई विल टीच यू ए लेसन...आई विल पुट यू बिहांइड द बार...आई विल कॉल पुलिस...''

सारे लोगों का ध्यान उसकी तरफ खिंच गया। कुछ लोग दौड़कर अन्दर वाले कमरे में गये जहाँ मतदान हो रहा था। लोगों ने देखा नुपुर गुस्से से लाल-पीली हो रही थी। उसके सामने एक लड़का खड़ा था, बीस-बाईस साल का। चेन्नई का रहने वाला था। कल्याणरामन नाम था उसका।

"आई हैव नाट टच्ड यू।" वह शालीनता से कह रहा था।

"नो, यू आर टेलिंग ए लाई। यू हैव टच्ड मी इनएप्रोप्रिएटली। आई विल काल द पुलिस, आई विल टीच ए लैसन। यू डोंट नो हाऊ टू बिहेव विद लेडीस।"

लड़का कह रहा था कि उसने ऐसा कुछ नहीं किया।

पर नुपुर उसकी कोई बात सुनने का तैयार नहीं थी। वह जोर-जोर से चिल्ला रही थी।

यह सुनकर लड़का भी थोड़े आवेश में आ गया। वह भी जोर से बोला, “ओ मैडम बाय यू आर शाउंटिंग। आई हैव नाट डन एनीथिंग।”

“नो यू हैव टच्ड मी...” नुपुर का गुस्सा बढ़ता जा रहा था।

इस शोर-शराबे में चुनाव की प्रक्रिया रुक गयी थी।

“क्या हुआ भाई...” भीड़ में खड़े एक आदमी ने पूछा।

“अंकल, इसने मुझे धक्का दिया।” नुपुर ने गुस्से से कहा।

लोगों ने देखा कि नुपुर का गुस्सा सातवें आसमान पर था।

“मैंने किसी को धक्का नहीं दिया। मैं तो इनके पीछे खड़ा था।” कल्याणरामन ने कहा।

लेकिन नुपुर उसकी कोई बात सुनने को तैयार नहीं थी। सारे लोग उस लड़के को जानते थे। इंजीनियरिंग में पढ़ रहा था। पिछले साल ही इस सोसायटी में किराये पर रहने आये थे। लोग जानते थे कि कल्याणरामन ऐसा नहीं कर सकता था। बेहद शरीफ लड़का था।

“तुमने मुझे धक्का दिया।” नुपुर का गुस्सा बरकरार था।

“मैंने कोई धक्का नहीं दिया तुमको” कल्याणरामन ने कहा।

“यू आर नॉट ए मेम्बर लीव द रूम।” नुपुर ने कहा।

“हू आर यू टू टेल मी।” कल्यारणरामन ने प्रतिवाद किया।

“यू आर आलसो नाट ए मेम्बर।”

नुपुर का गुस्सा और बढ़ गया।

“सो शट अप।'' कल्याणरामन ने उसे डॉट दिया। यह सुनते ही नुपुर बिफर गयी।

“आई विल काल द पुलिस दैन यू विल एक्सेप्ट...” नुपुर का शोर मचाना बरकरार था।

“छोड़ो बेटी, क्यों इतना शोर मचा रही हो।” भीड़ में से एक बुजुर्ग ने कहा।

“नो आई विल नॉट लीव हिम...आई विल टीच हिम ए लैसन...आई विल काल दा पुलिस...'' यह कहकर नुपुर ने वाकई 100 नम्बर पर पुलिस को फोन कर दिया।

सारे लोग हैरान। यह नुपुर ने क्या किया। कल्याणरामन भी हैरान। वह डर-सा गया। थोड़ी देर के लिए चुनाव प्रक्रिया रुक गयी। इतने में लड़के की माँ भी आ गयी।

“क्या हुआ...।” उसने पूछा।

लोगों ने सारा किस्सा संक्षेप में बताया। यह भी बताया कि नुपुर ने पुलिस

बुला ली है। सुनकर कल्याणरामन की माँ घबरा-सी गयी। बोली, "मेरा बेटा ऐसा नहीं कर सकता।"

लोग यह जानते थे कि कल्याणरामन ऐसा नहीं कर सकता। बात कुछ और ही होगी। पर क्या बात थी, यह किसी की समझ में नहीं आ रहा था।

"चुनाव हार रहा होगा सांगवान, तभी अपनी बेटी से यह सब करवाया है। चुनाव रुकवाने के लिए।" किसी ने कहा।

"पर कल्याणरामन ऐसा नहीं कर सकता...।" किसी और ने कहा।

चुनाव थोड़ी देर के लिए रुक गया था। नुपुर मोबाइल पर किसी को जो कुछ हुआ, उसके बारे में बता रही थी।

थोड़ी देर में तीन पुलिस वाले सोसायटी में आ पहुँचे। कल्याणरामन और उसकी माँ पुलिस को देखकर सहम-से गये।

वहाँ खड़ी भीड़ को सम्बोधित करते हुए एक पुलिस वाला बोला, "हाँ भई, कौन है नुपुर।"

नुपुर झट से आगे आई बोली, "मैं हूँ नुपुर।"

"आपने फोन मिलाया था 100 नं. पर।"

"हाँ, मैंने लगाया था फोन।" उसने दंबगई अन्दाज में कहा।

"क्या हो गया? क्यों बुलाया है हमें?" पुलिसवाले ने पूछा।

"इस लड़के ने मेरे साथ बदतमीजी की, मुझे धक्का दिया, मुझे छेड़ा।" नुपुर ने कल्याणरामन की तरफ इशारा करते हुए।

पुलिस वाला भी हैरान रह गया। यह क्या माजरा है। वह तो कुछ और ही सोच कर आये थे. भला यह भी कोई बात है कि पुलिस को बुलाया जाये। खैर, अब आ गये हैं तो कार्यवाही तो करनी ही पड़ेगी।

पुलिस ने देखा कि कल्याणरामन सहमा-सा खड़ा था।

"क्यों भाई क्या किया तैने।" पुलिस वाले ने कल्याणरामन से पूछा।

"सर, मैंने कुछ नहीं किया। यह लड़की झूठ बोल रही है।"

पुलिस वाले की समझ में नहीं आ रहा था कि माजरा क्या है उसने नुपुर से पूछा, "मैडम जी, आप ठीक-ठीक बताओ इस छोरे ने क्या किया आपके साथ।" उसके शब्दों में थोड़ी तल्खी आ गयी थी।

"सर, मैं कमरे में जा रही थी कि इस लड़के ने आकर पीछे से मुझे जोर से धक्का दिया और मुझे गालियाँ भी दीं।" नुपुर ने पुलिस वाले को विस्तार से बताया।

"गालियाँ...कौन-सी गालियाँ दीं।"

"यह मैं आपको सबके सामने नहीं बता सकती।"

"सर, मैंने धक्का नहीं दिया।" कल्याणरामन ने सहमते हुए कहा।

"तनै कुछ नहीं किया तो यो लड़की झूठ थोड़े ही न बोल रही है।" पुलिसवाले ने कहा।

"मैंने कुछ नहीं किया। यह लड़की झूठ बोल रही है।" कल्याणरामन ने फिर कहा।

"मेरा बेटा ऐसा नहीं कर सकता।" कल्याणरामन की माँ ने कहा।

"किसी ने देखा इस लड़के को धक्का देते।" पुलिस वाले ने भीड़ को सम्बोधित करते हुए पूछा।

"हमने तो इसे धक्का देते देखा नहीं।" एक ने कहा।

"देखा तो मैंने भी नहीं।" किसी दूसरे ने कहा।

"साँच को आँच क्या। कमरे में कैमरे लगे हुए हैं। रिकार्डिंग के लिए। देख लो अभी पता चल जायेगा।" प्रेम कुमार ने कहा।

भरत परीक यह नजारा देखकर हैरान से रह गये। ऐसा वह पहली बार देख रहे थे।

"हाँ...हाँ...देख लो। असलियत पता चल जायेगी।" दो-तीन लोगों ने समवेत स्वर में कहा।

"हाँ-हाँ, वीडियो देख लीजिए सब पता चल जायेगा।" सहमे हुए कल्याणरामन ने कहा।

अचानक उसकी आवाज में जान आ गयी।

"लाओ जी, दिखाओ वीडियो।" पुलिस वाले ने कहा।

मामला काफी रोचक हो गया था। पुलिस वालों के साथ-साथ सारे लोग कमरे के अन्दर आ गये थे वीडियो देखने। पुलिस वालों ने और वहाँ खड़े सारे लोगों ने वीडियो देखा। वह अंश भी देखे जहाँ पर नुपुर ने कहा था कि उसे धक्का दिया गया था। वीडियो में नुपुर आगे खड़ी थी और कल्याणरामन उसके पीछे से उचक कर चुनावी प्रक्रिया को देख रहा था। पूरा वीडियो देखने पर पुलिस वाले को ऐसा कहीं नहीं दिखाई दिया जिसे देखकर यह कहा जा सके कि कल्याणरामन ने नुपुर को धक्का दिया है या गालियाँ दी हैं।

वीडियो देखने के बाद पुलिस वाले ने कहा, "कहाँ हैं मैडम जी..."

लोगों ने देखा, नुपुर कहीं नहीं दिखाई दे रही थी। न जाने वह कहाँ चली गयी थी।

"कहाँ है नुपुर....।" किसी ने पूछा।

"वह तो चली गयी..." कहीं से आवाज आयी।

"कहाँ चली गयी....।" पुलिस वाले ने पूछा।

"शायद अपने घर गयी होगी।"

"तो घर से बुला कर लाओ। छोरी ने परेशान कर दिया।" पुलिस वाले ने थोड़ा गुस्से में कहा।

"मैं तो पहले ही कह रहा था कि मैंने उसे धक्का नहीं दिया।" कल्याणरामन ने कहा।

"हमारा बेटा ऐसा कर ही नहीं सकता।" कल्याणरामन की माँ ने अपने बेटे के समर्थन में कहा।

"आजकल की लड़कियों का कोई भरोसा नहीं है। खुद पता नहीं क्या-क्या करती रहती हैं और फँसाती हैं लड़कों को।'' किसी ने कहा।

"अब जब से महिला सुरक्षा का नियम आ गया है, तब से बहुत मुश्किल हो गयी है।"

"बहुत फायदा उठा रही हैं इस तरह की लड़कियाँ इस कानून का।" किसी ने कहा।

"पहले बहुत दबी-दबी रहती थीं, पर जब से महिला सुरक्षा कानून आ गया है तब से शेरनी हो गयी हैं शेरनी..." किसी और ने कहा।

"जिन लोगों के पास इस कानून का फायदा पहुँचना चाहिए था, वहाँ तो कुछ हुआ नहीं। वहाँ तो हालत और भी खराब हो गये। बस शहर की लड़कियों के पंख निकल आये।" एक ने कहा।

"आप को भी तो आने से पहले सोचना चाहिए था।" किसी ने पुलिस वालों से कहा।

"हम क्या करें। हमारे पास फोन आयेगा तो हमें तो जाँच करनी ही पड़ेगी।" पुलिस वाले ने अपनी बात कही।

इतने में नुपुर आ गयी। लोगों ने देखा उसका सारा गुस्सा खत्म हो गया था। वह समझ चुकी थी कि उसका झूठ पकड़ा गया है।

"क्यों मैडम जी, वीडियो में तो ऐसा कुछ नहीं दिखाई दिया, जिससे यह साबित हो सके कि इस लड़के ने आपको धक्का दिया है या गालियाँ दी हैं।" पुलिसवाले ने कहा।

"पर इसने मुझे धक्का दिया था।" नुपुर ने फिर कहा।

कुछ समय पहले गुस्से से उफनती नुपुर इस समय भीगी बिल्ली बन चुकी थी।

"छोड़िए साब इन सबको। बन्द करिये यह सब। सोसायटी का काम रुक गया।" नुपुर के पिता सांगवान ने कहा।

"न साहब, अब हम बन्द नहीं कर सकते इस केस को। अब तो इन दोनों को थाणे चलना पड़ेगा हमारे साथ।" पुलिस वाले ने कहा।

"क्यों, थाणे क्यों..." सांगवान ने पूछा।

"अब तो केस थाणे में ही बन्द होगा। हम तो अपनी रिपोर्ट दे देंगे।" पुलिस वाले ने कहा।

सुनकर सब लोग घबरा गये। नुपुर भी। कल्याणरामन भी... कल्याणरामन की माँ भी।

भरत परीक ये सब देख-सुनकर हैरान रह गये। ऐसा तो उन्होंने कभी नहीं देखा था।

पुलिस वाले नुपुर, कल्याणरामन, उसकी माँ और कुछ लोगों को गाड़ी में बिठाकर अपने साथ पुलिस स्टेशन ले गये।

"यह तो बहुत गलत हुआ जी।" उसके जाते ही प्रेम कुमार ने कहा।

"अब कानून ही ऐसा है तो क्या करे कोई। कानून का फायदा यह लड़कियाँ उठा रही हैं।" किसी ने कहा।

"इस शहर में आजकल ऐसा बहुत हो रहा है। महिला सुरक्षा के नाम से इस तरह के लोग हावी हो रहे हैं।" किसी और ने कहा।

"पर हमारे भावनगर में ऐसा नहीं है।'' भरत परीक ने कहा

यह सब देखकर वे सकते में आ गये थे।

"पर यहाँ ऐसा बहुत है।" प्रेम कुमार ने कहा।

अजीब लोग हैं यहाँ के। भरत परीक ने सोचा। बिना बात पर इतना बड़ा हंगामा। हमारे गुजरात में तो ऐसा नहीं है। यह कैसी जगह है। कैसा माहौल है। किस युग में ये लोग रह रहे हैं। वह सोचने लगे।

"दरअसल जब से महिला सुरक्षा का कानून आया है तब से लड़कियों के हौसले बहुत बढ़ गये हैं।" किसी ने कहा।

"कानून तो हमारे भावनगर में भी है, पर ऐसा वहाँ नहीं होता कि बिना बात पर पुलिस बुला ली जाये।" भरत परीक ने प्रतिवाद किया।

"यह इस शहर में आम बात है। पता है तुम्हें आजकल लड़के शादी करने से घबरा रहे हैं।" प्रेम कुमार ने कहा।

"क्यों...ऐसा क्यों..." भरत परीक ने जानना चाहा।

"आजकल की लड़कियों की नजर लड़के पर कम और उसकी सम्पत्ति पर ज्यादा रहती है। यह शादी करने से पहले ही सब हिसाब लगा लेती हैं, तब प्रेम करती हैं।" प्रेम कुमार ने बताया।

"पर यह तो हमेशा से होता आया है।" भरत परीक ने कहा।

"तब बहुत कम होता होगा। अब यह आम बात है। नये कानूनों से लोगों के मन में डर-सा समा गया है। अदालतों में जाकर देखो तलाक के केस पहले से कई गुना ज्यादा दर्ज हो रहे हैं।" प्रेम कुमार ने कहा।

"यदि ऐसा है तो समझ लो हम लोग किसी गहरे दलदल में फँस रहे हैं।" भरत परीक ने कहा।

भीड़ में से कोई सज्जन बता रहे थे, "मेरे परिचित की दो बेटियाँ हैं। पढ़ी-लिखी, और नौकरी भी कर रही हैं। अपना कैरियर बनाना चाहती हैं लेकिन ब्याह नहीं करना चाहतीं, क्योंकि उनकी माँ का मानना है कि आजकल का जमाना बहुत खराब है। अच्छे लड़के नहीं मिलते। ब्याह में लड़कियों को समझौता करना पड़ता है। उनकी माँ ने अपनी बेटियों को यह भी कह रखा है कि ब्याह तो कर लो, न जमे तो छोड़ देना। अब बताइये माता-पिता आजकल इस तरह भी सोचने लगे हैं।"

"पर यह गलत है। माँ ही यदि अपनी बेटियों को यह सब सिखायेगी तो उनके मन में क्या असर पड़ेगा?" किसी ने कहा।

"शादी-ब्याह कोई मजाक है क्या। अगर पहले से ही ऐसी सोच रहेगी तो जीवन कैसे चलेगा।" प्रेम कुमार ने कहा।

"पर भाई साहब, आजकल तलाक के केस कितने बढ़ गये हैं।" किसी ने प्रतिवाद किया।

"पर इसमें महिलाओं का भी तो दोष है। तभी तो हालात खराब हो गये हैं।" किसी ने कहा।

"बिल्कुल ठीक कहते हैं साहब। मेरी बुआ के लड़के की वाइफ बैंक में मैनेजर है। लड़के ने अपने पिता के कहने से उससे शादी कर ली। उसकी नौकरी कोई इतनी अच्छी नहीं थी। पत्नी हमेशा अपने पद और रुपयों का रुतबा जमाती रही। बीस साल तक वह अपनी पत्नी की ज्यादतियाँ बर्दाश्त करता रहा। वह उससे निजात पाना चाहता था, लेकिन पत्नी तलाक नहीं देना चाहती थी। वह उसके साथ भी रहना चाहती थी और उस पर अपना रोब भी बनाये रखना चाहती थी। और एक दिन वह लड़का एक चिट्ठी छोड़कर चला गया। और जानते हो चिट्ठी में क्या लिखा था।" किसी सज्जन ने पूरी दिलचस्पी से यह वाकया सुनाया।

"क्या...क्या लिखा था चिट्ठी में।" किसी ने उत्सुकता से पूछा।

उसमें लिखा था, "नीलू, मैंने सारी उम्र समझौते किये तुम्हारे साथ, बच्चों के साथ, समाज के साथ, अब बर्दाश्त नहीं होता। मैं अपना सब कुछ तुम्हें देकर जा

रहा हूँ। मुझे सिर्फ तुम्हारा प्रेम चाहिए था, और कुछ नहीं। यह चिट्ठी छोड़कर वह चला गया...कहाँ गया...किसी को पता नहीं चला। आखिर पचास साल की उम्र में कौन-सी चीज उन्हें अपने परिवार से दूर ले गयी।" उसने कहा।

"मैं जिस सोसायटी में पहले रहता था वहाँ भी कुछ ऐसा ही था। पत्नी किसी कॉलेज में मनोविज्ञान पढ़ाती। बेहद क्रोधी, बेहद मुँहफट महिला, पूरा स्टाफ उससे डरता था। एक दिन चपरासी ने बताया कि इनके इसी खराब स्वभाव के कारण बीस बरस पहले इनके पति ने घर में फाँसी लगा ली थी। इसके बाद भी मैडम का स्वभाव नहीं बदला।" किसी और ने अपना अनुभव सुनाया।

"अजी साहब, आपने इंदौर का किस्सा तो पढ़ा ही होगा अख़बारों में।" किसी ने कहा।

"कौन-सा किस्सा।" दूसरे ने जानना चाहा।

"अरे वही डॉक्टर दम्पति वाला किस्सा..."

"नहीं...नहीं...पढ़ा। क्या था किस्सा..."

"इंदौर में एक डाक्टर दम्पति के बीच झगड़े की वजह उनकी पाँच महीने की बच्ची बनी। डॉक्टर माँ के पास अपनी बेटी के लिए समय नहीं था और वह चाहती थी कि पति उसका ख्याल रखे। आखिर झगड़ा इतना बढ़ा कि माँ ने अपनी पाँच महीने की बेटी का गला घोंट दिया। इससे आहत होकर पति ने पत्नी, अपने सास-ससुर और अंत में खुद को भी मार डाला।" उस सज्जन ने किस्सा सुनाया।

"पर सब औरतें ऐसी नहीं हैं भाई साहब! यह तो कुछ ही औरतें ऐसी हैं जिनकी वजह से पूरा माहौल खराब हो रहा है। आप भूल जाते हैं कि औरतों ने ही परिवार को सँभाल रखा है।" वहाँ खड़ी एक अधेड़ महिला ने कहा।

"पहले सब बँधा-बँधा मर्यादित था। जबसे कानून आया तब से ऐसे लगता है, जैसे किसी नदी का बाँध टूट गया है और नदी का पानी अपने साथ अच्छा-बुरा सब बहा कर लिए जा रहा है।" किसी दूसरी महिला ने कहा।

उन दोनों महिलाओं की बातें सुनकर सब चुप हो गये।

भरत परीक का मन यह सब बातें सुनकर बहुत खट्टा हो गया। काफी देर तक लोग इसी तरह की बातें करते रहे। दोपहर तक सोसायटी का चुनाव खत्म हो गया था। सभी लोगों ने मिलकर सांगवान की जगह किसी शर्मा और उसकी टीम को चुन लिया था। इस नतीजे से कुछ लोग खुश थे। कुछ लोग नाराज थे। लेकिन चुनाव तो चुनाव था, सबको इसे मानना पड़ा। दोपहर के लगभग दो बज चुके थे। धूप बहुत हो चुकी थी। कुछ नुपुर की वजह से माहौल थोड़ा उदास-सा

हो गया था। कुछ लोग सोसायटी के नये सेक्रेटरी शर्मा को बधाई दे रहे थे।

सभी लोग एक-एक करके शर्मा से हाथ मिला रहे थे। तभी किसी ने कहा, "पुलिस स्टेशन से लोग अभी तक वापस नहीं आये।"

"अब पुलिस वाले अपना हिसाब-किताब पूरा करके ही वापस भेजेंगे।" किसी और ने कहा।

भरत परीक सारे माहौल को चुपचाप देख रहे थे। वैसे भी वे इस सोसायटी के लिए अजनबी ही थे। वे तो सिर्फ सांगवान का इन्तजार कर रहे थे कि कब चुनाव खत्म हो ओर कब वे उनसे बात करें। पर चुनाव खत्म होते ही सांगवान सोसायटी से बाहर चले गये। शायद पुलिस स्टेशन।

"अब तो फ्लैट के बारे में बाद में ही सांगवान से बात हो सकेगी।" प्रेम कुमार ने कहा।

"हाँ, देखते हैं।" भरत परीक ने कहा।

भरत परीक ने जो कुछ यहाँ देखा, सुना, उससे उनका मन बहुत खिन्न हो चुका था। उनकी बेटी भी बड़ी हो रही है, बेटा भी बड़ा हो रहा है। वे सोच रहे थे कि आखिर उनके बच्चे ऐसे माहौल में रहेंगे तो क्या सीखेंगे।

"नहीं, अब रहने ही दो। मैं घर किसी और जगह देख लूँगा।" उन्होंने कहा।

"क्यों, क्या हुआ।" प्रेम कुमार ने जानना चाहा।

"बस यूँ ही।" भरत परीक ने उदासी से कहा।

जिद हो तो ऐसी

हीरानन्द के बुलाने से ही पवन कुमार इस शहर में आये थे। करीब दस साल बाद इस शहर में उनका आना हुआ था। पहले यह शहर बहुत खुला था। खुली सड़कें, सड़कों के किनारे खूब सारे हरे-भरे पेड़ थे। बागों का शहर कहा जाता था। लेकिन अब पेड़ों का कहीं नामोनिशान नहीं दिखाई दे रहा था। सड़कें बेहद चौड़ी होकर भी सिमट गयी थीं। लेकिन उन चौड़ी सड़कों पर कारों की भरमार थी। सड़क के दोनों किनारे ऊँची-ऊँची बिल्डिंगें बन गयी थीं। मॉल, मल्टीप्लेक्स, फाइव स्टार होटल, कैफे काफी डेज़ और मैकडोनाल्ड जैसे रेस्तराँ और फ्लाई ओवर जगह-जगह दिखाई दे रहे थे।

दरअसल पवन कुमार इस शहर में कुछ ऐसे लोगों की कहानियाँ तलाश करने आये थे जिन पर उनका चैनल टेलीफिल्म बना सके। आजकल ऐसी सच्ची कहानियों वाले सीरियल लोकप्रिय हो रहे थे जो चैनल की टीआरपी बढ़ा रहे थे। इस चक्कर में चैनल वाले शहर-दर-शहर जासूसों की तरह ऐसी कहानियाँ ढूँढ़ रहे थे। पवन कुमार को फोन पर हीरानन्द ने बताया था कि उनके शहर में शिखा मेहता नाम की एक महिला है, जिसके जीवन पर वे अपने सीरियल लायक पटकथा तैयार करने के बारे में सोच सकते हैं। फोन पर जो बातें हीरालाल ने पवन कुमार को बताई थीं, उससे पवन कुमार को लगा था कि उनकी कहानी पर शायद टेलीफिल्म बन सकती है। इसीलिए वे शिखा मेहता से मिलने इस शहर में आये थे।

काफी हाउस में बैठकर पवन कुमार ने हीरानन्द से पूछा, ''कौन है यह शिखा मेहता।''

''बहुत जीवट की महिला है, अपनी धुन की पक्की। शायद तुमने इनके बारे में सुना हो। स्कूल में पढ़ाती थीं।'' हीरानन्द ने बताया।

''वह जो हमारे में स्कूल में गणित पढ़ाया करती थीं।'' पवन कुमार ने अपनी स्मृति पर जोर डालते हुए कहा।

''हाँ, वही ठीक पहचाना तुमने।''

''हमेशा अपने मन की सुनी, जिसकी कीमत अब इस रूप में चुका रही हैं। बहुत नाम था इनका। स्कूल में तूती बोलती थी इनकी। राष्ट्रपति ने बैस्ट टीचर का एवार्ड भी दिया था। बहुत काम किया इन्होंने अपने जमाने में। शायद मैंने तुम्हें बताया होगा कि अपने स्कूल में पढ़ाने के साथ-साथ इस शहर के दूसरे स्कूलों में पढ़ रही मुस्लिम लड़कियों को ढूँढ़ कर गणित और साइंस पढ़ातीं, किसी जिद की तरह। अपने जीवन का मिशन बना लिया था मुस्लिम लड़कियों को सांइस पढ़ाने का। कहा करती थीं, लड़कियाँ पढ़ तो रही हैं लेकिन सांइस और गणित नहीं पढ़तीं। साइंस ही इन्हें जहालत की जिन्दगी से बाहर लायेगा। अपने घर में अलग से उनके लिए क्लासें चलाती थीं। इनकी पढ़ाई हुई कुछ लड़कियाँ तो सिविल सर्विस की परीक्षा भी पास करके सरकार में बड़े ओहदों पर काम कर रही हैं। बीमारी की हालत में भी इन्होंने मुस्लिम लड़कियों को पढ़ाने का काम नहीं छोड़ा। स्कूल की नौकरी भले ही छोड़ दी, लेकिन यह काम नहीं छोड़ा।'' हीरानन्द ने शिखा मेहता के बारे में बताया।

''क्यों स्कूल की नौकरी क्यों छोड़ दी।'' पवन कुमार ने पूछा।

''इन पर आरोप लगाया गया कि ये स्कूल में बच्चों की पढ़ाई में कम और अपनी ट्यूशन पर ज्यादा ध्यान देती हैं जबकि यह तो मुस्लिम लड़कियों को पढ़ाती थीं एक मिशन की तरह, बिना कोई पैसे लिए। इन्होंने अपनी बात कही कि मैं उन बच्चों को पढ़ाने का कोई पैसा नहीं लेती, लेकिन प्रशासन ने इनकी एक दलील न मानी और इनका तबादला किसी दूसरे शहर में कर दिया। लेकिन इनकी खुद्दारी देखिए प्रशासन के इस गलत फैसले को ठेंगा दिखाते हुए अपनी नौकरी से इस्तीफा दे दिया। इन्होंने सोचा कि यदि मैं किसी दूसरे शहर में गयी तो मुस्लिम लड़कियों को पढ़ाने का मेरा मिशन बिखर जायेगा।''

''ओह...तुमने रोका नहीं?'' पवन कुमार ने कहा।

''मैंने बहुत रोकने की कोशिश की लेकिन मेरी एक बात नहीं मानी। उन्होंने मुझसे बार-बार यही कहा कि मुस्लिम लड़कियों को पढ़ाना मेरे जीवन का एक मिशन है। मैं अपने मिशन को कैसे छोड़ दूँ।" हीरानन्द ने बताया।

''मिशन...", पवन कुमार ने हैरानी से कहा।

''हाँ मिशन। यह उनका मिशन था। उनका मानना है कि अमेरिका, इंग्लैंड, नैरोबी से पढ़े-लिखे डाक्टर भी तो यहाँ के स्वामिनारायण मन्दिरों में आकर लोगों की सेवा करते हैं। तो हम लोग अपने लोगों के लिए क्यों नहीं कुछ कर सकते। इनके अपने तर्क थे जिन्हें हर आदमी नहीं समझ सकता था। अक्सर कहा करती

थीं कि मुस्लिम लड़कियाँ साइंस पढ़ेंगी तो शायद समाज को बेहतर तरीके से समझ सकेंगी। नौकरी छोड़ने के बाद इनका मिशन ही इनके जीने का मकसद बन गया। शहर के स्कूलों में घूम-घूम कर मुस्लिम लड़कियों को इकट्ठा करतीं। चिलचिलाती धूप में कहीं भी रोडवेज की बस में बैठकर चली जातीं। खाने के नाम पर किसी नुक्कड़ पर चाय और पकौड़े ले लेतीं। कभी इन्होंने अपना ध्यान नहीं रखा। कभी बुखार हुआ तो न तो किसी को बताया और न ही दवाई ली। अपने आप ठीक हो गया, तो ठीक, नहीं तो दो-तीन दिन बाद क्रोसीन वगैरह से काम चला लिया। कभी डॉक्टर से दवा नहीं ली। कभी तबीयत बहुत ज्यादा खराब हुई तो किसी दवा की दुकान से कुछ दवाइयाँ ले आयीं। अपने स्वास्थ्य को कभी गम्भीरता से नहीं लिया। शुरू में ही अपनी बीमारी के बारे में जरा भी सतर्क होतीं तो आज यह नौबत न आती।'' हीरानन्द ने बताया।

"नौकरी छोड़ना बहुत बड़ा फैसला था।" पवन कुमार ने कहा।

"हाँ, बहुत बड़ा फैसला। बस सारी दिक्कतें उसके बाद ही शुरू हो गयीं। लेकिन इन्होंने अपने हौसले में कोई कमी नहीं आने दी। लड़कियों को पढ़ाने का सिलसिला बदस्तूर जारी रहा, जो न तो इनके पति को पसन्द आया और न ही बेटे को। परिवार में अनबन हो गयी। इसी दौरान पता चला कि इन्हें डायबिटीज है और जब जाँच करवाई तो पता चला डायबटीज बहुत ज्यादा है। खतरे के निशान पर। रोज इनसुलीन के इंजेक्शन लेती हैं।"

"पर आजकल तो डायबटीज का पता आसानी से लग जाता है। बहुत लोग डायबटीज को कंट्रोल भी कर लेते हैं।" पवन कुमार ने आश्चर्य से कहा।

''हाँ, कर लेते हैं, पर वे लोग जो अपनी सेहत का थोड़ा ध्यान रखते हैं। पर इन्होंने अपनी सेहत का कभी ध्यान नहीं रखा। इन्हें लगा भी होगा कि कुछ गड़बड़ है तो भी इन्होंने जिक्र नहीं किया और न ही कोई दवा ली। पहले दवा ली होती तो आज तबियत इतनी खराब नहीं होती। मुझे लगता है जब ये स्कूलों में घूम-घूम कर मुस्लिम लड़कियों को पढ़ाने जाया करती थीं, शायद तभी से शुरुआत हुई होगी।''

''कुछ और कारणों से भी यह बीमारी हो सकती है।'' पवन कुमार ने कहा।

''हो सकता है कुछ और कारण भी रहे हों। लेकिन बीमारी में भी इन्होंने अपना मिशन नहीं छोड़ा। जब डायबिटीज बहुत ज्यादा बढ़ गयी तो मैंने इन्हें बहुत समझाया कि अब आपकी तबीयत ठीक नहीं रहती। अब आपको यात्राएँ करना बन्द कर देना चाहिए और ठीक से अपना इलाज करवाना चाहिए। पर नहीं मानीं। तुम यकीन नहीं करोगे कि शुगर का लेवल 300-350 होते हुए भी

बिना रिजर्वेशन के यात्रा करतीं। दवाइयाँ लेना इनकी फितरत में था ही नहीं। बेटे ने लाकर दीं भी तो कभी लेतीं, कभी नहीं लेतीं। अब वे बैसाखियों के सहारे चल रही है। अपने प्रति ही इतनी निर्मम और कठोर कि मैं बता नहीं सकता तुम्हें। अब एकांत में अपने आखिरी दिन गुजार रही हैं।''

''तुमने फोन पर बताया था कि इनके पति और एक बेटा भी है। उन्होंने कुछ नहीं किया।'' पवन कुमार ने जानना चाहा।

''पति था, अब वह भी नहीं है।'' हीरानन्द ने कहा।

''क्यों, क्या हुआ था उसे।'' पवन कुमार ने पूछा।

''शराबखोरी में उसने अपना जीवन बर्बाद किया। अपना भी और इनका भी।''

''कैसे...?'' पवन कुमार हैरान रह गये ये जानकर।

''कैसे क्या! एक दिन हार्ट अटैक हुआ। सरकारी अस्पताल में ले गये। सरकारी अस्पताल वालों ने देखते ही कह दिया, हमारे यहाँ भर्ती मत कराइए। हमारे यहाँ इलाज नहीं हो सकता। किसी नर्सिंग होम में ले जाइए। बेटा चाहता तो पिता को नर्सिंग होम में ले जाता। लेकिन वह उनकी शराबखोरी की आदत से परेशान था। लिहाजा उसने उन्हें सरकारी अस्पताल में ही रहने दिया। और सरकारी अस्पताल वाले बिजली का शॉक दे-दे कर कब तक जिन्दा रखते। तीसरे दिन ही चल बसे।'' हीरानन्द ने विस्तार से बताया।

''ओह! बेटे को ऐसा नहीं करना चाहिए था। अब कहाँ है बेटा।''

''वह दुबई में है, साल दो साल में कभी-कभार ही आता है। कुछ पैसे देकर चला जाता है। उसे पसन्द नहीं था कि उसकी माँ अपने घर में मुस्लिम लड़कियों को पढ़ाए। उसने इन्हें मना भी किया, लेकिन इन्होंने यही कहा कि यह मेरे जीवन का मकसद है और बिना मकसद के मैं जी नहीं सकती। माँ-बेटे में काफी तकरार हुई और एक दिन पता चला कि इनका बेटा चला गया दुबई। किसी शेख की गाड़ी चलाने। पर इन्हें बेटे के जाने का कोई अफसोस नहीं है। इनका अपना मिशन इन्हें बेटे से कहीं ज्यादा प्यारा था।'' हीरानन्द ने बताया।

''पर इनकी डायबिटीज का इलाज तो समय पर हो सकता था।'' पवन कुमार ने कहा।

''हाँ, हो सकता था। शुरू में ध्यान नहीं दिया। अपने मिशन को लेकर इधर-उधर जाती रहीं। हाई ब्लड प्रैशर में भी घूमती रहीं। इन्हें अन्दाजा नहीं था कि मामूली-सी डायबिटीज जीवन के आखिरी पड़ाव में इन्हें अपाहिज भी बना सकती है। एक बार बस से गिर गयीं। टाँग की हड्डी टूट गयी। ऑपरेशन के बिना हड्डी को नहीं जोड़ा जा सकता था। पर डायबटीज इतनी बढ़ गयी थी कि

ऑपरेशन करना सम्भव नहीं हो पा रहा था। लिहाजा पहले डॉक्टरों ने डायबिटीज को कंट्रोल किया और फिर ऑपरेशन किया। इसमें काफी वक्त लगा। ऑपरेशन के वक्त पैर में दो स्टील की रॉड लगाई गयीं, चार बोल्ट कसे गये। पैर की हड्डी तो जुड़ गयी लेकिन चलना-फिरना एकदम कम हो गया। डायबिटिक होने के कारण एक तो इलाज में बहुत वक्त लगा और दूसरा पूरी तरह ठीक भी नहीं हुई। लिहाजा अब बैसाखियों पर हैं।''

''और इनका मिशन...'' पवन कुमार ने पूछा।

''सब बिखर गया। जब से चलना-फिरना कम हुआ, तब से छूट गया। लेकिन इन्हें बड़ा मलाल है उस मिशन के बन्द होने का। हाँ, यदि इलाज समय पर होता, तो न तो इनका मिशन बिखरता और न ही इनकी यह हालत हुई होती।'' हीरानन्द ने उदासी से कहा।

''समय पर इलाज तो हो सकता था, लेकिन ये अपने बारे में सीरियस होतीं तो। अपने से ज्यादा अपने मिशन की चिन्ता करती थीं। पर अब न तो मिशन है और न ही खुद ऐसी हालत में हैं कि कुछ कर सकें।''

''कितना वक्त हो गया है इन्हें इस हालत में।''

''पिछले दस सालों से एक कमरे तक ही सिमट कर रह गयी हैं। पाँवों में बिल्कुल भी ताकत नहीं बची। बैसाखियों के सहारे चलती हैं। अब उनसे बात करोगे तो और बहुत कुछ पता चल जायेगा।'' हीरानन्द ने बताया।

''अब कितनी उम्र होगी उनकी।'' पवन कुमार ने जानना चाहा।

''यही कोई साठ-पैंसठ के आस-पास। आजकल यह उम्र ज्यादा उम्र नहीं होती, लेकिन बीमारी ने उन्हें परास्त कर दिया है।''

पवन कुमार हैरान रह गये शिखा मेहता की कहानी को सुनकर कि आज के जमाने में कोई अपने मिशन को लेकर इस हद तक भी पागल हो सकता है कि अपनी सेहत का भी ध्यान न रखे।

वे दोनों कॉफी हाउस से बाहर आ गये। स्कूटर स्टार्ट करते हुए हीरानन्द ने कहा, ''एक बात और बता दूँ। पिछले कुछ सालों से कविताएँ लिख रही हैं। कविताओं में ही इनकी आत्मकथा है।''

स्कूटर की पिछली सीट पर बैठे हुए पवन कुमार सोच रहे थे कि यह शहर कितना बदल गया है। शहर क्या, लोग तक बदल गये। उनकी सोच बदल गयी। उनके विचार बदल गये। उनका आचरण बदल गया। थोड़ी देर बाद हीरालाल ने अपना स्कूटर एक पुरानी तंग गली के मुहाने पर रोक दिया और कहा, "इससे आगे स्कूटर नहीं जा सकता। थोड़ा पैदल चलना होगा।"

"कितना पैदल?"

"बस कुछ ही दूर।"

वे दोनों स्कूटर से उतर कर पैदल चलने लगे। चलते-चलते पवन कुमार ने देखा—गली बहुत सँकरी थी। आस-पास नींबू-पानी और चाय, पकोड़े बेचने वालों के खोमचे थे। लोगों की आवाजाही काफी थी। मेन रोड से एक फर्लांग दूर बेहद तंग गली थी। गली के मुहाने पर एक-दो परचून की दुकानें थीं। एक-दो ठेले वाले इधर-उधर घूम रहे थे। धूप बहुत तेज थी। गर्मी अपने पूरे उफान पर थी। इस शहर में दो ही मौसम होते हैं। या तो गर्म या बहुत गर्म। फिलहाल मौसम बहुत गर्म था।

"इस गली में हीरे तराशने का काम हाता है।" हीरानन्द ने बात का रुख दूसरी तरफ मोड़ दिया।

"कौन लोग तराशते हैं हीरे।" पवन कुमार ने जानना चाहा।

"यू.पी., बिहार से आये हुए मजदूर हैं। वहाँ इनके लिए कुछ नहीं है। इसलिए चले आते हैं यहाँ गुजरात में।" हीरानन्द ने हिकारत के भाव से कहा।

"पर सुना है यह काम तो बहुत जोखिम वाला है। आँखों पर काफी असर होता है।"

"हाँ, है तो बहुत जोखिम वाला। यहाँ के मजदूर यह काम नहीं करते। हीरे तराशते-तराशते ज्यादातर लोगों की आँखें खराब हो जाती हैं।"

"तो फिर बाहर वाले क्यों करते हैं। उनकी आँखें खराब नहीं होतीं।"

"होती हैं। आँखें बाहर वालों की भी खराब होती हैं। पर यहाँ आकर उनके पास इस काम के सिवाय और कोई चारा नहीं रह जाता। यहाँ का कोई भी सेठ बाहरी लोगों को दूसरा काम नहीं देता। पैसे की खातिर वे लोग करते हैं। इनके अपने यहाँ तो कुछ है नहीं, जो इन्हें काम दिला सके। इसलिए ये बेचारे चले आते हैं, कुछ पैसों के लिए अपनी आँखें गँवाने।" हीरानन्द ने विस्तार से बताया।

"अच्छा..." पवन कुमार ने हैरानी व्यक्त की।

चलते-चलते हीरानन्द ने कहा, "देखो, यदि तुम शिखा मेहता को यह बताओगे कि तुम्हारा चैनल उन पर टेलीफिल्म बनाना चाहता है और अगर टेलीफिल्म न बनी तो उन्हें बहुत खराब लगेगा।"

"तो फिर क्या बताऊँ?" पवन कुमार ने सवाल किया।

"बस यही कहना कि तुम्हारा प्रकाशन हाउस है और तुम उनकी कविताओं की किताब छापना चाहते हो।"

पवन कुमार हीरानन्द के इस विचार से सहमत हो गये।

चलते-चलते वे दोनों एक पुराने से मकान के सामने रुक गये।

"यह रहा शिखा मेहता का घर।" हीरानन्द ने एक जीर्ण-शीर्ण मकान की ओर इशारा करते हुए कहा।

पवन कुमार ने गौर से देखा, बहुत ही जर्जर अवस्था में घर था। मटमैला-सा। धूल खाता। नजरें उपर की ओर गयीं तो देखा, एक सुनसान छज्जा था। उसके दायीं ओर एक खिड़की थी जो बन्द थी। घर दो मंजिला था। चार फीट का छोटा-सा दरवाजा था। दरवाजे पर बड़ी-सी कुंडी थी। हीरानन्द ने कुंडी खोल दी। घर में एकदम सन्नाटा पसरा हुआ था। उसे इस घर में आने का अनुभव था। उसे पता था कि कैसे इस घर में दाखिल हुआ जा सकता है। दरवाजा खुलते ही पवन कुमार ने देखा कि सामने ऊँची सीढ़ियाँ थीं, जो ऊपर वाले कमरे तक जाती थीं। ये सीढ़ियाँ सामान्य सीढ़ियों से ऊँची थीं। सीढ़ियाँ लकड़ी की थीं और बड़ी थीं, जैसी पुराने क़िलों में होती हैं। लकड़ी की सीढ़ियाँ जर्जर हो चुकी थीं। उन्होंने अन्दाजा लगाया कि लगभग सौ बरस पुरानी बिल्डिंग रही होगी। सीढ़ियों में अँधेरा-सा था। ऊपर वाली मंजिल में कोई रोशनदान या खिड़की रही होगी, जहाँ से थोड़ी रोशनी छन कर आ रही थी। सीढ़ियों के दायें तरफ एक मोटा-सा रस्सा लटका हुआ था जिसका सहारा लेकर ऊपर चढ़ना था। हीरानन्द सधे क़दमों से सीढ़ियाँ चढ़ रहा था और पवन कुमार को एहतियात से कदम रखने की सलाह दे रहा था।

"सँभल कर चढ़िये, बहुत ऊँची सीढ़ियाँ हैं, रस्सी का सहारा ले लीजिए।" हीरानन्द ने सीढ़ियाँ चढ़ते हुए कहा।

पवन कुमार रस्सी का सहारा लेकर धीरे-धीरे सीढ़ियाँ चढ़ने लगा।

सीढ़ियाँ एक बरामदे में जाकर खत्म होती थीं। उस बरामदे में भुतहा फिल्मों में दिखाई जाने वाली अलमारी टाइप कुछ बड़ी-सी चीज थी। बरामदे का फर्श लकड़ी का था। उस फर्श के एक कोने में एक नल लगा हुआ था, जहाँ से बूँद-बूँद पानी टपक रहा था। पूरे बरामदे में सीलन थी। उस बरामदे से सटा हुआ एक छोटा-सा कमरा था। फर्श पर उनके कदमों की पदचाप जोर-जोर से सुनाई दे रही थी। उनकी पदचाप सुनकर कमरे के भीतर से आवाज आयी–

"कौन..."

"मैं...हीरानन्द..."

हीरानन्द की आवाज सुनकर भीतर से आयी आवाज बदल गयी। आवाज में उल्लास आ गया।

"आओ...आओ..."

इससे पहले कि वाक्य पूरा होता, वे दोनों कमरे के अन्दर पहुँच चुके थे।

दस बाई बारह का एक छोटा-सा कमरा था, जिसमें दो पलंग थे। एक पुराने-से पलंग के सिर की तरफ दीवार में एक आला था जिस पर कुछ किताबें और दवाइयाँ थीं। पलंग के दूसरी तरफ यानी पैरों की ओर, एक मेज पर एक छोटा टेलीविजन था। कमरे की दूसरी दीवार के पास एक और पलंग था, जिस पर कुछ पुरानी चादरें, गमछा, जैसे कुछ कपड़े बेतरतीब ढंग से फैले हुए थे। बदरंग-सी दीवारें, जंग लग चुके लोहे की खिड़कियाँ थीं। पारले जी बिस्कुट के कुछ पैकेट उन कपड़ों के बीच में से झाँकते हुए दिखाई दे रहे थे। दूसरा पलंग भी बेहद पुराना। वहाँ पर कुछ मैले कपड़े बेतरतीब ढंग से फैले हुए थे। दोनों पलंगों के बीच में एक तिकोने आकार की मेज थी जिस पर स्टोव और कुछ बर्तन रखे हुए थे। शायद चाय या काफी इसी मेज पर बनती थी। छत पर एक बहुत पुराना पंखा लटक रहा था; जिसके होने या न होने का कोई मतलब नहीं था। पूरे कमरे में गर्मी दमक रही थी।

पलंग पर मैले से गाउन में लिपटी शिखा मेहता लेटी हुई थीं। साठ-पैंसठ की उम्र, कृशकाय, बाल बेतरतीब, गोरा चेहरा। पिचका हुआ मुँह, गले में मनकों की माला। गले की हड्डियाँ दिखाई दे रही थीं। चेहरे पर अब भी चमक थी। लेकिन बीमारी से वह चमक फीकी पड़ गयी थी। बाल कम और सफेद थे। देखकर लगता नहीं था कि इस महिला का आठ-दस साल पहले अपनी जिन्दगी का बहुत बड़ा मिशन था।

हीरानन्द को देखते ही चेहरे पर रौनक-सी आ गयी।

हीरानन्द ने हाथ जोड़कर अभिवादन किया।

"बहुत दिनों बाद आये।" उनकी आवाज में खुशी का भाव था।

कहते हुए उन्होंने उठने की कोशिश की, लेकिन उठ न सकीं। उठते वक्त उन्हें बहुत तकलीफ हो रही थी। चेहरे पर दर्द की रेखाएँ स्पष्ट दिखाई दे रही थीं। दुबले-पतले हाथ से बिस्तर पर दबाव बनाकर उन्होंने उठने की कोशिश की, लेकिन उठ न सकीं। शक्ति एकदम खत्म हो चुकी थी।

"नहीं-नहीं...आप उठिये नहीं, आप लेटे रहिये।" हीरानन्द ने कहा।

लेकिन उन्होंने हीरानन्द की बात नहीं मानी और किसी तरह उठकर बैठ गयीं। उठते ही उन्होंने कहा, "खिड़की खोल दीजिए, थोड़ी हवा आ जायेगी। मुझ में तो इतनी हिम्मत नहीं बची कि मैं उठकर खिड़की खोल सकूँ।"

हीरानन्द ने बन्द खिड़की खोल दी। खिड़की से थोड़ी-सी धूप छनकर कमरे के अन्दर आ गयी।

पवन कुमार और हीरानन्द सामने के पलंग पर रखे कपड़े खिसका कर बैठ गये।

"बहुत दिनों बाद आये।" उन्होंने फिर कहा।

"हाँ, इस बार कुछ ज्यादा ही देर हो गयी।" हीरानन्द ने जवाब दिया।

उन्होंने अपनी नजरें पवन कुमार की ओर घुमाते हुए हीरानन्द से पूछा, "यह कौन साहब हैं।"

"ये मेरे मित्र हैं। मुम्बई से आये हैं। आपकी कविताओं की किताब छापना चाहते हैं।" हीरानन्द ने पवन कुमार के बारे में बताया।

सुनते ही उनके चेहरे पर मुस्कान-सी आ गयी।

"कविताएँ तो बहुत हैं। सब इधर-उधर बिखरी हुई।" उनकी आवाज में खनक आ गयी थी।

"आप बता दीजिए कहाँ हैं, हम लोग ढूँढ़ लेंगे।" हीरानन्द ने कहा।

"एक जगह हो तो बताऊँ। सब जगह कविताएँ बिखरी पड़ी हैं। लड़कियों को पढ़ाने के बाद जो कागज हाथ में आता, उसी पर लिख लेती। वो कागज सब इधर उधर-बिखरे हुए हैं। कहाँ-कहाँ से इकट्ठा करोगे।" उन्होंने कहा।

"कोई बात नहीं। हम इकट्ठा कर लेंगे।" पवन कुमार ने कहा।

"कभी इन्होंने अपनी कविताओं को नहीं सहेजा। जो भी कागज मिला, उसी पर लिख दिया। अखबार पर, रद्दी कागज पर, लिफाफों पर। जो भी कागज हाथ में आया, उसी पर लिख दी। अब जब से लिखने की शक्ति जाती रही, लिखना भी बन्द हो गया। इनकी कविताओं में इनका मिशन ढूँढ़ा जा सकता है।" हीरानन्द ने बताया।

"मेरी कविताएँ महज कविताएँ नहीं हैं, मेरा जीवन है। मेरे दुःख हैं, मुस्लिम लड़कियों की कहानियाँ हैं। उनके सपने हैं, उनका परिवार है, मेरी बीमारी है, मेरा मिशन है। बहुत बड़ा काम मैंने पूरा किया। कई लड़कियाँ याद करती हैं। आज भी अपने काम-काज से जब भी फुर्सत मिलती है, मुझसे मिलने आती हैं। पर अब इस मिशन को आगे बढ़ाने वाला कोई नहीं रहा।" हीरानन्द की बात सुनकर उन्होंने दुःख भरे स्वर में कहा।

उनकी बात सुनकर हम दोनों चुप हो गये। कोई कुछ नहीं बोला।

"मेरी ज्यादातर कविताएँ तो पहले वाले संग्रह में छप गयीं।" उन्होंने हीरानन्द की ओर देखते हुए कहा।

"पुरानी कविताएँ ही दे दीजिए। हम फिर से छाप देंगे।" पवन कुमार ने कहा।

"वह सब तो छप चुकीं।" उन्होंने कहा।

"हम दुबारा छाप देंगे।" पवन कुमार ने कहा।

"ढूँढ़ती हूँ कहीं कुछ मिलेगा तो बताऊँगी। पर अब ढूँढ़ेगा भी तो कौन। मेरी तो उठने की भी हिम्मत नहीं है। पुराने सन्दूक को कौन आले से उतारेगा। शाहिदा होती तो वह कुछ करती।" उन्होंने कहा।

उनकी वाणी में एक अजीब-सा दर्द था।

"शाहिदा...कौन शाहिदा?" पवन कुमार ने हीरानन्द से पूछा।

हीरानन्द ने यहाँ आने से पहले किसी शाहिदा का जिक्र नहीं किया था।

"थी एक मुस्लिम लड़की। मेरा बहुत ख्याल रखती थी, मैंने पढ़ाया था उसे। मुझे अपनी बड़ी बहन मानती थी। बीमारी के बाद खूब आती थी मेरे यहाँ। जब लड़कियों को पढ़ाना मुझसे छूट गया और मेरी बीमारी ने मुझे इस कमरे में समेट लिया, तो शाहिदा ही थी जो मेरी देखभाल करती थी। माँ-पिता, भाई-बहन सबका रोल निभाया उसने मेरे लिए।" शिखा मेहता ने शाहिदा के बारे में बहुत गर्व से बताया।

"अब कहाँ है।" पवन कुमार ने शाहिदा के बारे में पूछा।

"उसकी शादी हो गयी और मुम्बई चली गयी।" हीरानन्द ने बताया।

"शाहिदा ने मेरे लिए बहुत कुछ किया। रोज कहती है कि मैं आत्मज्योति वृद्ध आश्रम में चली जाऊँ। कहती रही वह कि मेरे जाने के बाद कोई तुम्हारी देखभाल नहीं करेगा। पर मैंने ही उसकी बात नहीं मानी। पर कभी-कभी लगता है कि उसकी बात मान लेनी चाहिए। प्राण कब अकेले में उड़ जायें, पता नहीं।" उन्होंने रुआँसी आवाज में कहा।

उनका गला भर आया था।

"कई मुस्लिम लड़कियों का जीवन सँवारा है आपने।" पवन कुमार ने कहा।

"हाँ, मुझे खुशी है कि मैं कुछ लड़कियों के काम आ सकी। पर पता नहीं क्यों इस मुकाम पर आकर मुझे लगता है कि यदि मैं अपना ठीक से ख्याल रखती तो मेरा यह मिशन चलता रहता। आज मैं इस तरह अपाहिज बन कर नहीं रहती। खैर, मुझे कोई मलाल नहीं। मैंने जो कुछ किया, अपनी खुशी के लिए किया और लोगों के लिए किया।" उन्होंने कहा।

"आपने बहुत बड़ा काम किया है।" पवन कुमार ने कहा।

"अब जो हुआ सो हुआ। अब आप मेरा एक काम करिए, हीरानन्द जी। मैं आपकी एहसानमन्द रहूँगी।" उन्होंने हीरानन्द से याचना भरी आवाज में कहा।

"जी कहिए।" हीरानन्द ने उत्साह से कहा।

"आप मेरे मरने के बाद मुझे आग में मत झोंकिए, मेरी दोनों आँखें किसी को दान कर दीजिए। मेरा शरीर मेडिकल के बच्चों के काम आ सके, तो उन्हें

दे दीजिए। इसके लिए आपको जो भी कानूनी कार्यवाही करनी हो, मेरे होते कर लीजिए। जीवन एक बार मिलता है। इसका इस्तेमाल आखिरी पल तक दूसरों के लिए करना चाहिए। मुझे पता है इसके लिए किसी अस्पताल में जाकर ही आखिरी साँस लेनी पड़ती है। मैं इसके लिए भी तैयार हूँ। आप किसी अस्पताल वालों से बात कर लीजिए और मुझे छोड़ आइए वहाँ। मेरे होते इस जर्जर घर को बेच दीजिए और उन पैसों को मुस्लिम गर्ल्स स्कूल को दे दीजिए। कागजों पर मेरे साइन करवाने हों, तो किसी वकील को बुलवाकर वह भी करवा लीजिए। उन्हें बहुत जरूरत है। इन पैसों से स्कूल के कुछ कमरे बन जायेंगे, कुछ और लड़कियाँ भी पढ़ सकेंगी। मेरे ऊपर आपका बहुत बड़ा उपकार होगा। मौत को तो आना ही है, आज नहीं तो कल। अब जाने का वक्त आ गया है।" उन्होंने हाथ जोड़ते हुए कहा।

थोड़ी देर तक वहाँ भारी सन्नाटा पसरा रहा। मौत की खामोशी को वे दोनों तिल-तिल कर महसूस करते थे, लेकिन उन दोनों में से कोई उसके बारे में बात नहीं कर रहा था। जीवन-भर खुद्दार रहने वाली महिला को इस तरह हाथ जोड़कर बेचारगी से बात करते देख हीरानन्द और पवन कुमार सन्न रह गये।

"बोलिए, करेंगे न मेरे ये काम।" उन्होंने हीरानन्द की तरफ कातर निगाहों से देखते हुए कहा।

पवन कुमार ने हीरानन्द की ओर देखा। उसके चेहरे पर क्षोभ की रेखाएँ मौजूद थीं।

हीरानन्द ने कोई जवाब नहीं दिया। अपनी जगह से उठा और शिखा मेहता के पलंग के पास खड़े होकर उनके हाथ को अपने हाथ में ले लिया। शिखा मेहता ने हीरानन्द का हाथ जोर से पकड़ लिया। उनकी आँखों में आँसुओं की बूँदें चमकने लगी थीं। बहुत देर तक हीरानन्द अपने हाथ में उनका हाथ लिए बैठा रहा। फिर धीरे से कहा, "अब आप आराम करिए। मैं कल फिर आऊँगा। देखता हूँ मैं क्या कर सकता हूँ।"

"हाँ, जरूर आना, यह काम अब आपको ही करना है।" शिखा मेहता ने बहुत आहिस्ता से कहा।

हीरानन्द और पवन कुमार रस्सी के सहारे सीढ़ियाँ उतरकर घर के बाहर आ गये। बाहर अभी भी तेज धूप थी...झुलसाने वाली तेज धूप।

बाहर निकलते वक्त कई सारे सवाल पवन कुमार के जेहन में गूँज रहे थे। यदि उनके परिवार वालों ने साथ दिया होता, तो क्या उनकी हालत इतनी खराब

होती। यदि इन्होंने इलाज समय से करवाया होता तो क्या उन्हें अपने अन्तिम दिन इस तरह बिताने पड़ते। यदि इन्होंने शाहिदा की बात मान ली होती और इस घर को बेचकर किसी आश्रम में चली जातीं, तो क्या उनका अन्तिम समय इससे बेहतर गुजर सकता था। क्या कभी किसी ने उनके अकेलेपन को खत्म करने की कोशिश की। उन्हें अकेला जीने और अकेला मरने के लिए क्यों छोड़ दिया। क्या महज इसलिए कि वह अपनी धुन की पक्की थीं और कई लड़कियों का जीवन सँवारा और जिसके लिए उन्होंने अपनी नौकरी भी छोड़ दी। ऐसी भी जिद होती है। पवन कुमार के दिमाग में रह-रह कर उनकी जिद ही गूँज रही थी, जिसकी वजह से वह आज जीवन के इस मोड़ पर आकर ठहर गयी हैं।

भूत-प्रेत

कहते हैं कि ऐसा सदियों पहले होता था, पर ऐसा होता आज भी है।

राजस्थान का एक गाँव। ऐसा गाँव सब जगह है। इस गाँव की छोटी झोंपड़ी, छोटे आँगन। रामानन्द अपनी बीवी नाथी के साथ रहता था। खेत पर उसकी नाथी भी उसके साथ मेहनत-मजदूरी करती थी।

पर एक दिन बिना बादल गरजे गाँव का पंडित गरज उठा। सुबह-सुबह आ गया रामानन्द की टूटी झोंपड़ी पर और कहने लगा, "निकाल बाहर नाथी को, यह चुड़ैल है। खा जायेगी तुझे।"

कोई तेज तूफान रामानन्द के पैरों में लिपट गया। हाथ जोड़ दिये, "महाराज दया करो। वह तो भली-चंगी है। कल मेरे साथ खेत में काम कर रही थी।"

"तुझे पता नहीं। डायन है वह...डायन..., वह कल शाम को मेरी गाय के सामने से गुजरी तो आज सुबह गाय ने दूध देना बन्द कर दिया। ऐसी औरत को गाँव में नहीं रहने देंगे, निकाल इसे।" पंडित गरजता रहा।

रामानन्द ने हाथ जोड़ दिये। पंडित के पाँवों में गिर पड़ा, "महाराज ऐसा न करो। कोई उपाय तो होगा।"

"हाँ, है उपाय। इसकी बलि दे दे तो बच जायेगा।" पंडित ने गरजते हुए कहा।

"बलि..." कई सारे विषधारी रामानन्द के पैरों में लिपट गये।

यह पंडित पहले भी कई औरतों की बलि ले चुका है।

"हाँ, बलि...बाद में फिर ब्याह कर लेना।" पंडित गरजता रहा।

न...अपनी बीवी की बलि तो नहीं दे सकता वह। हाथ जोड़ते हुए, गिड़गिड़ाते हुए कहा, "दया करो महाराज, आप कहो तो रोज आपके मन्दिर की सफाई करूँगा। आपकी सेवा करूँगा। कोई दूसरा उपाय बताइए महाराज।"

"हूँ..'' पंडित ने हुंकार भरी, ''तो दान, दक्षिणा देनी होगी।"

"दूँगा महाराज, आप जो कहेंगे सरकार, दान-दक्षिणा सब दूँगा।"

"तो सुन, चला जा मैदान वाले हनुमान जी के मन्दिर। वहाँ मेरा भाई है

गुंजाली बाबा। उनके पास जा, वो नाथी के सर से डायन का साया निकाल देंगे। जा, देर मत कर, आज ही चला जा।"

"कल ले जाऊँ, आज इसे बुखार है।" रामानन्द ने हाथ जोड़ दिये।

"न आज, और अभी।" पंडित कहते हुए वापस मुड़ गया।

अगले दिन रामानन्द पहुँच गया नाथी के साथ हनुमान जी के मन्दिर। बस से उतरते ही एक आदमी आया। कहने लगा, "ब्राह्मण हूँ हनुमान जी के दर्शन जल्दी करा दूँगा।"

"न इसके सर पर डायन का साया है, वह उतारना है।" रामानन्द ने कहा।

"वह भी हो जायेगा। आओ मेरी मोटर साइकिल पर बैठ जाओ।" रामानन्द खुश हो गया।

जब बैठने लगा मोटर साइकिल पर तो उस आदमी ने कहा–"पाँच सौ रुपये देने होंगे।"

"इतने तो नहीं हैं मेरे पास।"

"तो भाग यहाँ से, क्यों आया है यहाँ।" कहकर वह आदमी बस से उतरने वाले दूसरे के पास चला गया।

रामानन्द पड़ गया सोच में। क्या करे? कहाँ जाये? रास्ता पूछते-पूछते पहुँच गया हनुमान जी के मन्दिर। बहुत बड़ा मन्दिर था। चार मंजिल वाला। रामानन्द लगा मन्दिर को देखने।

"क्या काम है..." एक पंडित ने पूछा।

"गुंजाली बाबा कहाँ हैं।" रामानन्द ने पूछा।

"ऊपर वाली मंजिल में रहते हैं गुंजाली बाबा।"

"भूत-प्रेत कहाँ उतारे जाते हैं।"

"मन्दिर के पिछवाड़े में। बहुत गुणी ओझा हैं गुंजाली बाबा। उनके प्रताप से भूत-प्रेत, चुड़ैल सब भाग जाते हैं।"

"यह मेरी बीवी नाथी है। गाँव के पंडित कहते हैं इस पर डायन का साया है।"

"तो ठीक ही कहते हैं पंडित। पहले प्रसाद ले लो और फिर लाइन में खड़े हो जाओ। जल्दी करो। ओझा जी के सोने का टाइम हो जायेगा तो तुम्हारा काम नहीं होगा।"

उसने रामानन्द के हाथ में कुछ फूल रख दिये और कहा, "लाओ एक सौ एक रुपये दे दो।"

"पर वो तो नहीं हैं मेरे पास।" रामानन्द ने कहा।

उस आदमी ने फौरन रामानन्द के हाथ से फूल ले लिए और डाँटते हुए कहा, “भाग यहाँ से, जा के लाइन में खड़ा हो जा।”

घबरा गया रामानन्द और चुपचाप जाकर लाइन में खड़ा हो गया।

लाइन में ढेर सारे लोग थे।

“कब तक नम्बर आयेगा।” रामानन्द ने अपने आगे खड़े एक आदमी से पूछा।

“ऐसे ही चलता रहा तो आज शाम तक आ जायेगा नम्बर। अभी एक घंटे में पंडितों के सोने का टाइम हो जायेगा और कर देंगे मन्दिर को बन्द।”

रामानन्द परेशान हो गया। धूप में खड़े-खड़े नाथी हो गयी हैरान।

“सब चोर और ठग इकट्ठे हो गये हैं मन्दिर में।” लाइन में खड़े एक आदमी ने कहा।

“खुद तो अन्दर मेवा खा रहे हैं और हमें लाइन में खड़ा किया हुआ है।” दूसरे ने कहा।

एक आदमी कार से उतरा तो एक पंडित सीधा उसे मन्दिर के अन्दर ले गया।

“लो इस सेठ को अब क्या चाहिए। क्या आया है हनुमान जी से माँगने।” किसी ने कहा।

“इसे ही तो सब कुछ चाहिए। कुबेर का खजाना इसे चाहिए, इसका पेट इतना बड़ा है कि भरता ही नहीं।”

“सारी दुकानें इन पंडितों की। सारी धर्मशालाएँ इन महंतों की। इस मन्दिर के पंडित के तो कई कालेज हैं जयपुर और दिल्ली में।”

रामानन्द ने देखा, एक आदमी साइकिल पर जोर-जोर से कह रहा था, “सारे पंडित चोर। इनके बहकावे में मत आना। मन्दिर में रोज दारू पीते हैं।”

एक पंडित उसे भगाने लगा तो वह और जोर से बोला, “मन्दिर तूने हथिया लिया। दुकानें तूने हथिया लीं। अब यह सड़क तेरी नहीं है, तू मुझे सड़क पर चलने से नहीं रोक सकता।” कहता हुआ वह आदमी तेज-तेज साइकिल चलाता हुआ चला गया।

हैरान रह गये रामानन्द और नाथी यह सुनकर। गाँव के पंडित ने कहाँ भेज दिया उसे। यहाँ तो सारे ठग हैं।

नाथी की हालत बिगड़ रही थी। बुखार और तेज हो गया था। खड़े-खड़े उसे चक्कर आने लगा, वह वहीं सर पकड़ कर बैठ गयी तो गार्ड ने पूछा, “क्या हुआ इसे।”

“गाँव के पंडित ने कहा है, इसके सर पर डायन का साया है। वह उतरवाना है।”

"तो लाइन में क्यों खड़ा है, आ मेरे साथ। तुझे ओझा जी के पास ले चलता हूँ। वही उतारेंगे इसके सर से डायन का भूत।"

वह गार्ड रामानन्द और नाथी को मन्दिर के पीछे बड़े से अहाते में ले गया। उस अहाते में हवन हो रहा था। हवन का धुआँ पूरे अहाते में मँडरा रहा था। नाथी की आँखों में धुआँ भर गया। आँखों से पानी बहने लगा।

"इनके पैर छुओ, सारे कष्ट दूर हो जायेंगे।" उस गार्ड ने एक पंडित के आगे रामानन्द और नाथी को खड़ा करते हुए कहा।

रामानन्द और नाथी ने पंडित के पैर छुए।

मोटे थुलथुल पेट वाले पंडित ने कहा, "लगता है भूतनी का साया है इस पर।"

"हाँ, महाराज! गाँव के पंडित ने कहा है।" हाथ जोड़ दिये रामानन्द ने।

"ठीक कहा है। पर चिन्ता की कोई बात नहीं। यहाँ आकर सबके भूत भग जाते हैं। भूत-पिशाच निकट नहीं आवे, महावीर जब नाम सुनावे।"

"जा इसे फर्श पर लिटा दे।" उस पंडित ने रामानन्द को आदेश दिया।

रामानन्द ने नाथी को फर्श पर लिटा दिया। एकदम गर्म फर्श, तवे जैसा गर्म। नाथी तड़प गयी। उस पंडित ने उसके मुँह के आगे धुएँ का गुब्बार-सा रख दिया। धुआँ उसकी आँखों में समा गया। उस पंडित ने नाथी की आँखों पर एक काली-सी पट्टी बाँध दी। और उसके सिर पर तेल डाल दिया और झाड़ उसके सर पर मारते हुए जोर-जोर से चिल्लाने लगा, "भाग...भाग...भाग..." नाथी अधमरी-सी हो गयी।

"जा अब इसे गुंजाली बाबा के पास ले जा।" उस पंडित ने गरजते हुए कहा।

गुंजाली बाबा ऊपरी मंजिल पर थे। वे गेरुए कपड़े पहने हुए थे। कन्धों तक झूलते बड़े-बड़े बाल थे माथे पर। काले रंग का टीका। रामानन्द नाथी को उनके पास ले गया। उसे देखते ही गुंजाली बाबा ने कहा, "इस औरत को हनुमान जी की मूर्ति के सामने बिठा दो।"

गुंजाली बाबा ने नाथी के सर पर काला रंग छिड़क दिया और कहा, "अब इसे दो घंटे तक दीवार की तरफ मुँह करके खड़ा कर दो। इसकी नाक दीवार पर लगी रहनी चाहिए, तभी डायन इसे छोड़कर जायेगी।"

रामानन्द ने वैसा ही किया। और वहीं खड़ा हो गया।

कुछ देर बाद एक लड़का रामानन्द के पास आया और कहा, "पंडित जी तुम्हें बुलाते हैं।"

वह लड़का रामानन्द को एक पंडित के पास ले गया। उस पंडित ने रामानन्द

से कहा, "एक हजार रुपये दो।"

"वो किस बात के।" रामानन्द घबरा गया।

"तुम्हारी बीवी पर डायन का साया था, उसे उतारने के।"

"पर इतने पैसे नहीं हैं मेरे पास।"

"रुपये तो देने पड़ेंगे।"

"पर मेरे पास तो हैं ही नहीं।"

"तो कितने हैं?"

"दो सौ हैं।"

"अच्छा चल, दो सौ ही दे।"

"पर मुझे वापस गाँव भी जाना है। बस का भाड़ा भी देना है।"

"अच्छा, बस का किराया रखकर बाकी दे दे।"

रामानन्द ने पचास रुपये अपने पास रखकर बाकी उसे दे दिये।

रुपए लेते हुए उस पंडित ने कहा, "जा अगली बार पूरे पैसे लेकर आना। बजरंग बली तेरा भला करेंगे।"

पैसे देकर रामानन्द भागा-भागा नाथी के पास आया। नाथी की हालत और भी खराब हो गयी थी। उसके बालों से तेल टपक रहा था। बदन तप रहा था। दीवार पर नाक रखने से नाक एकदम लाल हो गयी थी। बुखार से शरीर तपने लगा था।

पता नहीं रामानन्द को क्या हुआ। उसने फौरन नाथी से कहा, "छोड़ ये सब, चल वापस। ये पंडित क्या भूत-प्रेत उतारेंगे। यह तो खुद भूत-प्रेत हैं।"

रामानन्द ने अपने अँगोछे से नाथी के माथे से काला तिलक मिटाया। माथे से टपकता हुआ तेल पोंछा। उसका अँगोछा काला और गन्दा हो गया। उसने वह अँगोछा वहीं हनुमान जी मूर्ति के सामन फेंक दिया और कहा, "हे बजरंग बली, किन भूत-प्रेतों को आपने अपने यहाँ बिठा रखा है। अब मैं तुम्हारे मन्दिर नहीं आऊँगा। तुम्हारे क्या...किसी मन्दिर में नहीं जाऊँगा।"

तुम तो ऐसे न थे...

"आप आइए जरूर सर, पापा आपको बहुत याद करते हैं। कई दिनों से आप उनसे मिले भी नहीं।" तरुण कपूर ने अपने बेटे के नामकरण संस्कार का निमंत्रण पत्र देते हुए बहुत आग्रह से कहा।

सुरेश प्रसाद ने निमंत्रण पत्र को उलट-पलट कर देखा। बड़ा आकर्षक निमंत्रण पत्र था। सुनहरी पीले कागज पर सफेद अक्षरों से छपा निमंत्रण पत्र था। निमंत्रण पत्र की शुरुआत में गणेश जी के चित्र के साथ 'वक्रतुंड महाकाय सूर्यकोटि समप्रभ...' गणेश जी की स्तुति वाला श्लोक और उसके बाद में गायत्री मंत्र छपा था। गायत्री मंत्र के बाद निमंत्रण की इबारत थी।

सुरेश प्रसाद ने निमंत्रण पत्र को उलट-पुलट कर देखा और फिर एक कोने में रख दिया, "बड़ा महंगा निमंत्रण पत्र छपवाया है।"

"कुछ खास महंगा नहीं है। सर, आप आइए जरूर।" तरुण कपूर ने कहा।

"हाँ, मेरी भी दिली इच्छा है उनसे मिलने की, लेकिन तुम तो जानते हो न, मुझे सोलर एनर्जी वाले प्रोजेक्ट की रिपोर्ट फाइनल करके देनी है। आजकल उसी में लगा हूँ। आना हो नहीं पायेगा।" सुरेश प्रसाद ने कहा।

"केवल दो-तीन घंटे की ही बात है। वहाँ आपको इंस्टीट्यूट के और भी प्रोफेसर मिलेंगे। आप आयेंगे तो हमें भी अच्छा लगेगा।" तरुण ने जोर देकर कहा।

"नहीं, वहाँ जाने से मेरा बहुत समय चला जायेगा। मुझे अगले हफ्ते तक रिपोर्ट दे देनी है।" प्रोफेसर सुरेश प्रसाद ने प्रतिवाद किया।

वे इस तरह के कर्मकांडी कार्यक्रमों में बिल्कुल भी नहीं जाना चाहते थे। बड़ा अटपटा-सा लगता था उन्हें ऐसी जगहों पर जाकर।

"नहीं सर, बिल्कुल देर नहीं होगी। हवन घर के पास ही क्लब हाउस में रखा है। उसके बाद क्लब हाउस के लॉन में ही लंच का इन्तजाम है। दो बजे तक सब कुछ खत्म हो जायेगा। दो बजे के बाद क्लब किसी और पार्टी के नाम बुक है। इसलिए देर होने का कोई सवाल ही नहीं पैदा होता। वैसे सुबह दस

बजे हवन शुरू होगा, पर आप चाहें तो थोड़ी देर से आ जायें, पर आयें जरूर।" तरुण ने सम्मानपूर्वक कहा।

उसका आग्रह बरकरार.था।

सुरेश प्रसाद तरुण की बात सुनकर चुप रह गये। एकाएक उनकी नजर तरुण की उँगलियों पर पड़ी। देखा दो उँगलियों में अँगूठियाँ थीं। उनमें कुछ नीले और केसरी रंग के पत्थर और मोती थे। उन्हें याद नहीं कि उन्होंने पहले कभी तरुण के हाथों में पत्थर-जड़ित अँगूठियाँ देखी हों। थोड़ी हैरानी हुई। बोले, "अरे तरुण, ये तुम्हारे हाथ में क्या है?"

तरुण समझ नहीं सका कि वे क्या पूछ रहे हैं। उसने अपना हाथ आगे करते हुए हैरानी से कहा, "हाथ में...हाथ में तो कुछ भी नहीं है। हाथ तो एकदम खाली है।"

"मेरा मतलब है हाथ में जो तुमने अँगूठियाँ पहन रखी हैं, वह क्या है।" उन्होंने तरुण के हाथों की उँगलियों की ओर इशारा करते हुए कहा।

तरुण को समझ में आ गया कि वे क्या पूछना चाह रहे हैं। अपने हाथ की उँगलियों को दिखाते हुए उसने कहा, "ये अँगूठियाँ हैं। इनमें नीलम और मूँगे लगे हुए हैं। इस अँगूठी में नीलम है और इसमें मूँगा।"

"पर तुम यह सब कब से...।" उन्होंने हैरानी से पूछा।

"मैं तो इन सब को नहीं मानता, पर अर्पिता ने बच्चे के जन्म के बाद पहना दी हैं। कहने लगी कि बच्चे के जन्म के साथ तुम पर भारी संकट आ सकता है। उस भावी संकट से बचने के लिए उसने ये अँगूठियाँ पहना दी हैं।" उसने अँगूठियाँ पहनने का स्पष्टीकरण-सा दिया।

तरुण के स्वर में सकुचाहट थी।

वे कुछ बोले नहीं। तरुण भी नहीं बोला। उनकी इच्छा हुई कि तरुण से कहें कि तुम साइंटिस्ट होकर भी इन अँगूठियों के चक्करों में कैसे फँस गये, लेकिन कुछ बोले नहीं। कुछ पल तक वहाँ मौन छाया रहा।

फिर तरुण ने उस मौन को तोड़ते हुए कहा।

"आंटी, आप इन्हें कहिए न... वहाँ आयें जरूर।"

"मैं तो पहले ही कह चुकी हूँ, पर ये मानते नहीं। आजकल किसी जगह नहीं जाते। बस अपनी रिपोर्ट लिखने में लगे रहते हैं।" मधुलिका ने कहा।

"नहीं, ऐसा नहीं है। मैं कभी-कभी जाता हूँ। एक तो तुम जानते हो मैं कर्मकांडों से बहुत दूर रहता हूँ और दूसरा मेरे पास बिल्कुल भी वक्त नहीं है।" उन्होंने तर्क दिया।

"भले ही दस मिनट के लिए आयें, पर आयें जरूर, आपके आने से हम सब को बहुत खुशी होगी।" तरुण ने उन्हें मनाने की कोशिश की।

"अच्छा देखता हूँ।" कहकर सुरेश प्रसाद ने उस आमंत्रण को स्वीकार तो कर लिया, लेकिन मन-ही-मन ठान लिया था कि वह कतई जायेंगे नहीं।

दरअसल, पचास साल की उम्र हो चुकी थी सुरेश प्रसाद की। रंग गोरा, पके बाल और आँखों पर मोटा, छोटा चश्मा, उनकी पहचान थी। शहर के नामी-गिरामी रिसर्च संस्थान में सोलर एनर्जी पढ़ाया करते थे। तरुण उनका सबसे प्रिय छात्र था। सौर ऊर्जा पर उसने उनके निर्देशन में शोध किया था। अपने शोध-कार्य के सिलसिले में आये दिन उनके घर आता था। शुरू-शुरू में आता था, तो रोज कोई न कोई सवाल लेकर कि सर ऐसा कैसे है? कि सर वैसा कैसे है? इस दौरान पता ही नहीं चला कि कब वह उनके परिवार का हिस्सा बन गया। शोध-कार्य पूरा होते ही शहर के स्पेस सैंटर में उसे नौकरी मिल गयी थी। फिर चाहे उसकी बहन की शादी हो या उसके भाई की शादी हो, उसके परिवार के हर समारोह में सुरेश प्रसाद की उपस्थिति लाजमी होती थी। तरुण के विवाह में भी वह अपनी पत्नी मधुलिका के साथ शामिल हुए थे। सुरेश प्रसाद को भी तरुण के परिवार में एक बुजुर्ग का सम्मान मिलता था। पिछले कुछ समय से उन्होंने ऐसे समारोह में आना-जाना लगभग बन्द-सा कर दिया था। बहुत कम घर से बाहर निकलते। ज्यादातर समय घर में ही बिताते। वह प्रोजेक्ट पर रिपोर्ट लिख रहे थे। इस रिपोर्ट को वह जल्दी पूरा करना चाहते थे। इसलिए वे बहुत कम कहीं जाते थे।

कल तरुण ने अपने बेटे का नाम रखना था, जिसके लिए पूजा-पाठ और हवन करवाया जा रहा था। वह चाहता था कि सुरेश प्रसाद अपने परिवार सहित इस पूजा-पाठ में शामिल हों।

तरुण कपूर के जाने के बाद उन्होंने अपनी पत्नी मधुलिका से कहा, "जमाना कहाँ से कहाँ पहुँच गया है और ये लोग अभी तक कर्मकांडों से बाहर नहीं निकल सके।" उन्होंने थोड़ा आवेश में आकर कहा।

"पर लोग तो यही सब करते हैं और खूब धूम-धाम से करते हैं।" मधुलिका ने कहा।

"इसीलिए तो हमारा यह हाल है। अब बताओ, काम करेंगे इक्कीसवीं सदी के स्पेस सेंटर में। माइक्रो सेंकड तक में ग्रहों की चाल का अन्दाजा लगा लेंगे, लेकिन नामकरण करवायेंगे ग्रहों की दशा के अनुसार। पूजा-पाठ करेंगे ताकि

ये नक्षत्र इनका कुछ बिगाड़ न दें। हद हो गयी जाहिली की। रख दीजिए कोई नाम। इसके लिए पूजा-पाठ जैसे आडम्बर क्यों करना। अफसोस है मुझे तरुण जैसे लोग भी अँगूठियों के चक्कर में फँस गये।"

"दरअसल, सारा माहौल ऐसा बन गया है कि व्यक्ति चाहकर भी बाहर नहीं निकल सकता।" मधुलिका ने कहा।

"नहीं, ऐसा नहीं है, व्यक्ति चाहे तो बहुत कुछ बदला जा सकता है, पर लोग चाहते नहीं।" उन्होंने उदासी से कहा।

"लोग चाहें भी तो नहीं बदल सकते। आजकल दिन-रात टेलीविजन यही सब दिखा रहा है। देखते हो न रोज नये-नये चैनल इसी को लेकर अपना धन्धा कर रहे हैं।" उनकी पत्नी ने उनकी बात का समर्थन किया।

दरअसल, सुरेश प्रसाद को तरुण कपूर से जबरदस्त शिकायत थी। शिकायत ही नहीं बल्कि अफसोस भी था। बहुत ज्यादा अफसोस कि तरुण की सोच ऐसे कैसी बन गयी। कैसे उसने अपनी सारी समझ को दरकिनार कर दिया। कैसे वह पंडितों और ज्योतिषियों के चक्कर में आ गया। आखिर उसकी इतनी पढ़ाई का क्या फायदा। क्या फायदा सौर ऊर्जा में उसके शोध का कि वह अभी तक पन्द्रहवीं शताब्दी के कर्मकांडों से मुक्त नहीं हो सका। वैसे तो अंतरिक्ष में भेजने के लिए रॉकेट बनायेंगे, ग्रहों की गति का हिसाब करके रॉकेट छोड़ेंगे, लेकिन बच्चे का नाम रखने के लिए ग्रहों की दशा को देखेंगे। तरुण ही नहीं, संस्थान के कई सारे प्रोफेसर अब यही करने लगे थे। आये दिन किसी न किसी घर में कोई हवन हो रहा है, कोई पूजा-पाठ हो रहा है। पंडितों का आना-जाना कैम्पस में बहुत बढ़ गया था। उन्हें चिढ़ हो गयी थी इस तरह के पाखंड से।

लेकिन अपनी पत्नी मधुलिका के जोर देने पर और तरुण के स्नेह के रहते वह इस शर्त पर जाने के लिए तैयार हो गये कि वह वहाँ दस मिनट से ज्यादा नहीं रुकेंगे।

अगले दिन जब वे क्लब हाउस पहुँचे तो इतने लोगों का जमावड़ा देखकर हैरान रह गये। वे तो घर के तीस-चालीस लोगों की कल्पना करके आये थे। लेकिन यहाँ तो दो-ढाई सौ से ज्यादा लोग दिखाई दे रहे थे, गोया किसी शादी का जश्न हो। वहाँ का नजारा देखकर उन्हें कोफ्त-सी होने लगी। बहुत बड़ी जगह थी। एक बहुत बड़ा गेट बनाया हुआ जिस पर सभी राशियों के चिह्न अंकित थे। गेट के दायीं ओर गणेश की प्रतिमा रखी थी। गेट के ऊपर फूलों से गायत्री मंत्र लिखा हुआ था। गेट के अन्दर बहुत बड़ा लॉन था। लॉन में जगह-जगह

गोलाकार मेज और कुर्सियाँ लगी हुई थीं। लॉन में लगे पेड़ों को गुलाबी झालरों और गुलाबी रंग के गुब्बारों से सजाया हुआ था। हरी घास पर रेड कार्पेट बिछाया हुआ था। चारों तरफ यूकिलिप्टस के बड़े-बड़े पेड़ थे, जिनकी टहनियाँ हवा से हिल रही थीं। माहौल में ठंडक का एहसास था। दक्षिण भारत के इडली-वड़ा से लेकर गुजरात के ढोकले और पंजाब के दही-वड़े तक नाश्ते का इन्तजाम था। फलों को एक अलग जगह सजाया गया था। खाने की तो बात ही निराली थी। न जाने कितनी तरह की सब्जियाँ और रोटियाँ मौजूद थीं। मिठाइयाँ अलग, वैज अलग, नॉन-वैज अलग। माइक पर पंडितों के मंत्रों की आवाजें गूँज रही थीं। क्लब के अन्दर पूजा-पाठ और हवन हो रहा था।

सुरेश प्रसाद को देखते ही तरुण कपूर के पिता उनके पास आ गये। साठ-पैंसठ साल की उम्र रही होगी। रेशमी सफेद कुर्ता और सफेद पायजामा पहने। उन्होंने बहुत आत्मीयता से उनका स्वागत किया।

"अच्छा किया आप आ गये सर! मुझे तो लगा था कि आप नहीं आयेंगे। तरुण बता रहा था कि आप बहुत व्यस्त रहते हैं।" उन्होंने सम्मानपूर्वक कहा।

"अब आपने बुलाया था तो आना ही था।" उन्होंने हँसते हुए कहा।

"वो तो है सर, आपके बिना यह काम अधूरा-सा रहता।" उन्होंने उत्साह से कहा।

"तरुण कहाँ है।" उन्होंने पूछा।

"अन्दर हवन करवा रहा है। बस खत्म होने वाला है। आइए, मैं आपको ले चलता हूँ।" कहकर तरुण कपूर के पिताजी उन्हें क्लब के अन्दर एक हॉल में ले गये। वहाँ उन्होंने देखा कि एक जगह हवन हो रहा था। पाँच पंडित एक साथ हवन कुंड में आहुति डाल रहे थे और साथ-साथ संस्कृत के कुछ श्लोक भी बोल रहे थे। तरुण कपूर भी पीली धोती पहने उस हवन में अपनी आहुति दे रहा था। यज्ञ का धुआँ हॉल में समा रहा था। बहुत सारे लोग हवन कुंड के आसपास बैठे हुए थे। कुछ लोग मोबाइल से अपनी और दूसरों की फोटो लेने में मशगूल थे। फोटो लेकर एक-दूसरे को दिखा भी रहे थे। उन्होंने सुना कोई कह रहा था कि इसे फेसबुक पर अपलोड कर दो। कुछ लोग मोबाइल से हवन के कार्य-कलापों का वीडियो बनाने में तल्लीन थे, गोया यह देश के लिए बहुत बड़ी ऐतिहासिक घटना होने जा रही हो और यदि वे इस घटना का वीडियो बनाना चूक गये तो अनर्थ हो जायेगा।

वे कुछ देर वहाँ रुके। कुछ देर बाद ही हवन के धुएँ से उनकी आँखों में पानी आने लगा था। उन्होंने रूमाल से अपनी आँखों को साफ किया और अपनी पत्नी मधुलिका से कहा–''चलिए बाहर चलकर बैठते हैं।''

"हाँ, आप बाहर ही चलकर बैठें। कुछ ही देर में हवन खत्म हो जायेगा।" तरुण कपूर के पिताजी ने कहा और उन्हें बाहर लॉन में ले आये। लॉन में एक मेज के पास ले जाकर बिठा दिया और बैरे को उनके लिए कॉफी लाने के लिए कहा। कुर्सी पर बैठते हुए उन्होंने कहा, "बहुत सारे लोगों को जमा कर लिया आपने।"

"हाँ, परिवार के सभी लोग हैं। दरअसल, आपको तरुण ने बताया होगा। उसका बच्चा गंड-मूल नक्षत्र में पैदा हुआ है।"

"गंड-मूल नक्षत्र..." वे हैरान हो गये। उन्होंने पहली बार ऐसे नक्षत्र के बारे में सुना था।

"हाँ, गंड-मूल नक्षत्र...जब बच्चा गंड-मूल नक्षत्र में पैदा होता है तो घर में शान्ति बनी रहे, इसके लिए शान्ति पूजा और हवन करवाना जरूरी होता है।"

"अरे...ऐसा विधान है क्या...।" उनकी हैरानी बढ़ती जा रही थी।

"हाँ, ऐसा ही विधान है। आज बच्चे के जन्म के सत्ताईस दिन पूरे हो गये हैं। आज हवन और पूजा के बाद बच्चे को गंड-मूल नक्षत्र से मुक्ति मिल गयी है।" उन्होंने कहा।

उनके स्वर में खुशी का एहसास था।

"गंड-मूल नक्षत्र से मुक्ति..." कुछ समझ न सके सुरेश प्रसाद। उन्होंने हैरानी से पूछा।

"हाँ, पंडितों ने कहा कि इस नक्षत्र में जन्मे बच्चे परिवार के लिए अनिष्टकारी होते हैं। अनिष्ट से मुक्ति के लिए शान्ति पूजा और पंडितों को दान-दक्षिणा देना जरूरी होता है।" तरुण के पिताजी ने बताया।

"यह सब न कराएँ तो..." इस बार उनकी पत्नी मधुलिका ने मुस्कराते हुए पूछा।

उनकी हैरानी बढ़ती जा रही थी।

"तब बच्चा पिता के लिए संकट पैदा कर सकता है और उसके ऊपर भी संकट आ सकता है। पंडितों ने यह भी बताया था कि बच्चा पिता के जीवन के लिए ठीक नहीं है। इसलिए पिता सत्ताईस दिन तक अपने बच्चे की सूरत न देखे, आज शान्ति पूजा के बाद ही तरुण अपने बच्चे की शक्ल देखेगा।" तरुण के पिताजी ने उन दोनों को विस्तार से बताया।

"कमाल है, आप लोग भी अब इन ग्रहों के चक्कर में फँस गये।" सुरेश प्रसाद ने हैरानी से पूछा।

"फँसते तो नहीं, पर पंडितों ने डरा-सा दिया था। तरुण ने अभी अपने बच्चे की शक्ल भी नहीं देखी। हम लोगों ने बच्चे को तरुण से दूर ही रखा। आज हवन के बाद गंड-मूल नक्षत्र का असर शान्त हो जायेगा, तब तरुण बच्चे

को गोदी में उठायेगा। इसलिए भी आज सारे रिश्तेदारों और दोस्तों को बुलाया गया है।" तरुण के पिता ने इतने सारे लोगों को बुलाने का स्पष्टीकरण दिया।

"आप लोग तो पढ़े-लिखे हैं। आपने इन पंडितों की बात कैसे मान ली। आप खुद यूनिवर्सिटी में बायोविज्ञान पढ़ाते हैं।" सुरेश प्रसाद ने थोड़ा गुस्से में आकर पूछा।

"बस माननी ही पड़ती है। मन में एक डर-सा समा गया था।" उन्होंने कहा।

"ये पंडित जन्म के समय ग्रहों की स्थिति बताते हैं। इनकी बात इसरो के लोगों को मान लेनी थी और देश में मंगल मिशन की शुरुआत करने की क्या जरूरत थी।" उन्होंने कटाक्ष करते हुए कहा।

"पर सर, यह क्यों भूल जाते हो कि मंगल यान की सफलता के लिए मन्दिरों में पूजा की गयी थी। वे सब गलत थोड़े ही थे।" तरुण के पिताजी ने कहा।

"यही तो रोना है इस देश का। सरकारें भी तो ज्योतिषों के चक्रव्यूह में फँसी हुई हैं। सूर्य ग्रहण के बुरे प्रभावों से निपटने के लिए सरकार मन्दिरों को बजट देती है। एक बार नहीं कई-कई शोधों से यह स्थापित हो गया है कि इन नक्षत्रों का हमारे जीवन पर कोई प्रभाव नहीं पड़ता। पर फिर भी आप जैसे लोग सारी सफलताओं को दर किनार करते हुए ज्योतिषियों के चक्करों में फँसे रहते हैं।" सुरेश प्रसाद ने आवेश में कहा।

बड़ा अजीब-सा लगा उन्हें यह सब जानकर। पढ़े-लिखे लोग भी ज्योतिषियों के चक्कर में फँस जाते हैं। बहुत मुश्किल है इस समाज का पंडितों और ज्योतिषियों के चंगुल से मुक्त होना, वह सोचने लगे।

"आप काफी पीजिये सर, मैं अभी आया।" कहकर तरुण के पिता जी कुछ और मेहमानों के पास चले गये।

वे कॉफी पीने लगे। सुरेश प्रसाद ने देखा कि आज के इस कर्मकांडी उत्सव में तमाम तरह के लोग आये हुए थे। बच्चे कम और बड़े ज्यादा दिखाई दे रहे थे। उम्रदराज महिलाएँ अपने चेहरों पर न जाने कौन-कौन से लेप पोतकर आयी हुई थीं, जिससे कि उनकी उम्र का पता न चल सके, लेकिन किसी भी सूरत में उनकी उम्र छिप नहीं रही थी। साठ-पैंसठ वर्ष से अधिक की महिलाएँ लाल सूट पहने सोलह-सत्रह साल की लड़कियों की तरह चहक रही थीं। यहाँ आयी लड़कियों और महिलाओं की पोशाकें देखकर उन्हें बहुत कोफ्त हुई। ज्यादातर महिलाओं की पोशाक शालीनता की सारी हदों को पार कर गयी थी। बेहद मोटी महिलाएँ भी जीन्स और टॉप पहने हुए अभद्रता की नुमाइश कर रही थीं।

लड़कियाँ घुटनों के ऊपर की स्कर्ट पहने अपने आपको किसी मॉडल के रूप में देख रही थीं। उस पर तुर्रा यह कि लड़की अपने फोन से खुद अपनी ही फोटो लेकर फेसबुक पर अपलोड करके खुश हो रही थी। फोटोग्राफरों के कैमरे लड़कियों पर लगातार फोकस थे। सुरेश प्रसाद समझ नहीं सके कि क्या इनके पास कोई शालीन पोशाक नहीं थी पहनने के लिए। यह महिलाएँ इस तरह से सज-धज कर आयी थीं गोया किसी फैशन परेड में जाना हो। पुरुष भी शेरवानी और लाल-पीले दुपट्टे ओढ़े घूम रहे थे, गोया मध्यकाल के किसी समारोह में आये हों।

वितृष्णा-सी हो आई उन्हें यह सब देखकर।

"अरे सर आप..." कहते हुए एक सज्जन उनके पास आये। महेन्द्र प्रताप नाम था उसका। उन्हीं के इंस्टीट्यूट में प्रोफेसर थे। अगले साल रिटायर होने वाले थे। सुरेश प्रसाद इसे ज्यादा पसन्द नहीं करते थे। इससे दूर ही रहते थे।

"कई दिन बाद दिखे, आजकल आप मॉर्निंग वॉक पर गार्डन में नहीं आते।" महेन्द्र प्रताप ने उलाहना भरे स्वर में कहा।

"हाँ, आजकल आ नहीं पाता।" उन्होंने कहा और कॉफी पीने में मशगूल हो गये।

पहले वे बाग में जाते थे मॉर्निग वॉक के लिए। पर अब नहीं जाते। ऐसा नहीं था कि सुरेश प्रसाद मार्निग वॉक पर नहीं जाते। जाते अब भी हैं पर अब उन्होंने अपना बाग बदल दिया है। ये लोग बहुत ही छिछोरी किस्म की बातें किया करते हैं। इस उम्र में आकर भी लफंगों की तरह बातें करना उन्हें शोभा नहीं देता था। बिना गाली के इन लोगों का कोई वाक्य पूरा नहीं होता था। बाग में सैर करते समय वे अक्सर सोचा करते, क्या हो गया है इनकी बोली को। यह सीधे-सादे शब्दों में अपनी बात क्यों नहीं कह पाते। क्यों इन लोगों को हर वाक्य में गाली का प्रयोग करना वाजिब लगता है। इन लोगों से मिलकर उनका मन बड़ा अशान्त हो जाता था। इसलिए वे अब दूसरे बाग में जाने लगे थे सैर करने।

"हाँ, अब सोचता हूँ फिर से आना शुरू करूँ।" उन्होंने उसे टालने की कोशिश की।

"आइए सर, जरूर आइये और हमारा लॉफ्टर क्लब भी ज्वाइन कर लीजिए।"

"लॉफ्टर क्लब!" उन्होंने हैरानी से कहा।

"हाँ सर, लॉफ्टर क्लब। आप तो जानते हैं न। हम लोग रोज बाग में झुंड बनाकर हँसते हैं।" उसने कहा।

"तुम उसे लॉफ्टर क्लब कहते हो! जो नकली हँसी तुम लोग सुबह-सुबह निकालते हो, उसे देखकर ही लोगों को हँसी आ जाये। वह नकली हँसी, हँसी

नहीं होती। तुम मुझे बताओ, सुबह-सुबह की नकली हँसी के सिवाय दिन में कभी हँसते भी हो।" सुरेश प्रसाद ने उससे मुस्कराते हुए पूछा।

"हाँ, वो तो है। बाकी दिन तो शायद ही हँसते हैं।" महेन्द्र प्रताप ने कहा।

"इस तरह लॉफ्टर क्लब से हँसी नहीं आयेगी।'' उन्होंने कहा।

इतने में उन्होंने देखा कि पाँचों पंडित क्लब के हॉल से निकलकर बाहर लॉन में आ गये। सभी पंडित खाने की टेबल की ओर बढ़ गये। सबने पीली धोतियाँ पहनी हुई थीं। कन्धे पर पीले रंग का वस्त्र लपेट रखा था।

पंडितों को देखकर मधुलिका ने कहा, "लगता है हवन खत्म हो गया।"

सुरेश प्रसाद ने भी देखा कि पंडितों के साथ-साथ तरुण कपूर भी था। उसने भी पीले रंग की धोती पहन रखी थी। वह उन्हीं की तरफ आ रहा था। शायद उसके पिताजी ने उसे उनके आने की खबर दे दी थी। उनकी मेज के पास आते ही उसने कहा, "अच्छा किया आप आ गये सर! मुझे उम्मीद थी कि आप जरूर आयेंगे।"

"वो तो ठीक है। पर तरुण, ये सब हवन, पूजा, पंडित यह सब क्या है? और फिर तुम ज्योतिषियों के चक्कर में कैसे फँस गये। तुम तो ऐसे न थे।" उन्होंने अपने मन की बात कही।

"मैं तो नहीं चाह रहा था, पर अर्पिता चाहती थी कि बच्चे के नाम के अवसर पर सब लोगों को बुलाया जाये।"

"मानते तो तुम भी हो, लेकिन नाम पत्नी का ले रहे हो।" मधुलिका ने कहा।

"बच्चा गंड-मूल नक्षत्र में पैदा हुआ है, इसलिए यह सब करना पड़ा।" तरुण कपूर ने सुरेश प्रसाद को बताया।

उसे नहीं पता था कि उसके पिता इन्हें पहले गंड-मूल नक्षत्र के बारे में सब कुछ बता चुके हैं।

"क्या गंड-मूल, गंड-मूल लगा रखा है। तुम तो सब जानते हो। तारों पर तुमने शोध किया है।" उन्होंने थोड़ा आवेश में कहा।

"मैंने तो मना किया था पर अर्पिता और पिताजी नहीं मान रहे थे।" तरुण ने हिचकिचाते हुए कहा।

"पर तुम तो समझा सकते थे।" उन्होंने उलाहना भरे स्वर में कहा।

"मैंने समझाने की कोशिश की थी।" तरुण ने अपना बचाव करते हुए कहा।

"न, तुमने समझाने की कोई कोशिश नहीं की होगी। तुम्हारा भी मन रहा होगा।"

तरुण ने उनकी इस बात का कोई जवाब नहीं दिया।

"आपसे कुछ छिपा नहीं है सर, अर्पिता के भाई अमरीका से आये हैं। बस

उन्हीं के वास्ते अर्पिता ने यह सब किया है।" तरुण ने थोड़ी शर्मिन्दगी से कहा।

"अरे भाई, सादगी के साथ भी बच्चे का नाम रखा जा सकता था। सादगी से अमरीका के लोग ज्यादा खुश होते। अब तो अमरीका में भी सादगी पसन्द की जाने लगी है। जिन चीजों को अमरीका वालों ने छोड़ दिया, हम लोगों ने खुशी से उन्हें अपने गले लगा लिया।" उन्होंने उकता कर कहा।

एक बात सुरेश प्रसाद और उनकी पत्नी मधुलिका को समझ में आ गयी थी कि पंडितों के चक्कर में सब लोग आ गये हैं, क्या तरुण कपूर, क्या उसके पिताजी। लेकिन कोई यह कहने को तैयार नहीं है कि मुझे गंड-मूल नक्षत्र से डर लग गया, इसलिए सब इसकी जिम्मेदारी एक-दूसरे पर डाल रहे थे। बड़ा अजीब-सा लगा उन्हें यह सब जानकर। बहुत मुश्किल है इस समाज का पंडितों और ज्योतिषियों के चक्कर से मुक्त होना। पढ़े-लिखे लोग भी ज्योतिषियों के चक्कर में आ रहे हैं। वह सोचने लगे।

"इतना तामझाम करने में खर्चा तो बहुत हुआ होगा तुम्हारा।" उन्होंने संशयात्मक स्वर में पूछा।

"जी, सब वो अर्पिता के भाई ने ही करवाया है।'' तरुण ने अर्पिता पर जिम्मेदारी डालते हुए कहा।

लेकिन उन्हें लग गया था कि तरुण उनके सामने असली बात नहीं कह रहा है। वे तरुण को जानते थे। इतना तामझाम उनके घर में पहले किसी फंक्शन में नहीं हुआ। यहाँ तक कि तरुण की शादी में भी नहीं।

पता नहीं सुरेश प्रसाद को एकाएक क्या सूझा, वे अपनी कुर्सी से उठ गये। उन्हें वितृष्णा हो गयी थी। उन्हें लगा कि यहाँ आकर उन्होंने गलती की। यह दुनिया उनकी दुनिया नहीं है। उन्हें उठते देख उनकी पत्नी मधुलिका भी उठ गयीं।

"क्या हुआ सर!" तरुण ने पूछा।

"हुआ कुछ नहीं, अब मैं चलता हूँ।" उन्होंने क्षुब्ध होकर कहा।

"खाना तैयार है सर, खाना खाकर जाइये।" तरुण ने आग्रह किया।

"नहीं, मैं कुछ नहीं खाऊँगा। अब और ज्यादा मुझसे यहाँ रुका नहीं जायेगा।" उनकी अकुलाहट बढ़ती जा रही थी।

चलते-चलते उन्होंने तरुण कपूर को एक लिफाफा देते हुए कहा, "तुम यह लिफाफा रख लो। इसमें एलआईसी की एक पॉलिसी है। यह पॉलिसी मैंने तुम्हारे बच्चे के लिए ली है, जब यह बारहवीं पास कर लेगा तो यह पॉलिसी मैच्यौर हो जायेगी। इस पॉलिसी से जो पैसे मिलेंगे, वे इसके आगे की पढ़ाई में लगा देना।"

और वे लिफाफा तरुण कपूर को सौंप कर सजे हुए गेट से बाहर आ गये।

सीख

बेहद खुश लग रहे थे डॉ. चन्द्रा। इस बार डॉ. चन्द्रा को कम्पनी ने नया काम दिया था। कम्पनी में वैसे भी उनका सितारा बुलंद था, पर अगर वे इस काम को सफलतापूर्वक अंजाम दे देते हैं तो उनकी बुलंदियाँ सातवें आसमान पर पहुँच जायेंगी। काम बहुत बड़ा नहीं, तो छोटा भी नहीं था। न जाने उनमें ऐसा क्या था कि कम्पनी के सी.ई.ओ. ने उन्हें यह काम करने के लिए कहा था। शायद उनकी काबिलियत को देखकर, उनके तजुर्बे को देखकर या उनकी प्रवचन क्षमता को देखकर। पर जो भी हो, अब उन्हें यह काम मिला था तो वे पूरे मनोयोग से इस काम को करना चाहते थे। वे खुद हैरान थे कि आखिर उनमें ऐसा क्या था कि उन्हें यह काम सौपा गया था। पर जो भी हो, वे इस काम को बेहतर से बेहतर तरीके से करेंगे। उन्होंने देश के नामी-गिरामी स्कूल से एम.बी.ए. की डिग्री हासिल की थी। यूनिवर्सिटी के कैम्पस में उनका चुनाव हो गया था। उनका काम था कम्पनियों का सर्वे करके यह पता करना कि कम से कम लोगों से ज्यादा से ज्यादा काम कैसे करवाया जाये और कम्पनी के लाभ को कैसे बढ़ाया जाये।

काम उनका केवल इतना था कि एक नामी-गिरामी इंश्योरेंस कम्पनी के मुम्बई के आफिस में जाकर वहाँ के कर्मचारियों को मोटिवेशन पर भाषण देना था और उन्हें ज्यादा से ज्यादा काम करने के लिए प्रेरित करना था। यह काम उनके लिए आसान था। पहले भी कई बार कई जगह वे ऐसा प्रवचन दे चुके थे। लोग उनकी वाक्पटुता, ज्ञान और लच्छेदार भाषा का लोहा मानते थे। यहाँ आने से पहले उन्होंने इंटरनेट से इंश्योरेंस कम्पनी का इतिहास, भूगोल सब पता कर लिया था। अखबारों को छान मारा था। तमाम लोगों से मिलकर जानकारियाँ इकट्ठी कर ली थीं। कम्पनी के रिटायर्ड अधिकारियों से उन्होंने इंटरव्यू भी लिए थे, जिससे कम्पनी के बारे में उनकी जानकारी पुख्ता हो गयी थी। अपने इस गहन सर्वे से उन्हें इलहाम हो गया था कि इस इंश्योरेंस कम्पनी में दम तो बहुत है, कम्पनी के पास पैसा भी खूब है, लेकिन कम्पनी के लोग इसे पसन्द नहीं करते।

लोग परेशान बहुत रहते हैं। कुछ तो मुम्बई जैसे विशाल शहर के कारण, कुछ कम्पनी की नीतियों के कारण और कुछ कम्पनी के आला अफसरों के इरादों और काम करने के तरीकों के कारण। डॉ. चन्द्रा को यह भी पता चल गया कि हरेक की कोई बहुत बड़ी मजबूरी है जो उन्हें नौकरी करने के लिए बाध्य कर रही है। यदि उनकी कोई मजबूरी न होती या उनके पास आमदनी के कोई दूसरे विकल्प होते तो वे इस कम्पनी को कब का छोड़ चुके होते। इतना ही नहीं, उन्हें यह भी मालूम हो गया था कि आफिस में काम करने वाले लोगों का व्यवहार अपने ग्राहकों के प्रति ठीक नहीं रहता या कमोबेश अभद्र-सा रहता है, जिसके कारण लोग दूसरी कम्पनियों के पास जा रहे थे और जिसके कारण इस कम्पनी का बिजनेस लगातार कम हो रहा था। उन्हें यह भी पता चल चुका था कि कम्पनी के आला अफसरों का व्यवहार अपने कर्मचारियों के प्रति ठीक नहीं है। वे उन्हें अपना निजी नौकर समझते हैं। कम्पनी के आला अफसरों का अहंकार हिमालय से भी बड़ा है। ये आला अफसर हर वक्त कम्पनी के कर्मचारियों का उपहास करते हैं, उन्हें अपमानित करते हैं, जिसकी वजह से कम्पनी के ज्यादातर लोग काम के प्रति उदासीन और तटस्थ हो गये थे और उन्होंने 'चेरी छोड़ न होइब रानी' की भावना के तहत काम करना शुरू कर दिया था। सभी कर्मचारियों में काम के प्रति लापरवाही की भावना गहरी पैठी हुई थी। अमेरिकन बिजनेस मैगजीन के पन्नों को पढ़कर उन्होंने कम्पनी के उद्धार के लिए एक योजना तैयार की थी।

जब इंश्योरेंस कम्पनी का लाभ बढ़ाने का काम डॉ. चन्द्रा की कम्पनी को सौंपा गया तो इस कम्पनी के सीईओ डॉ. बालकृष्ण ने बीमा कम्पनी का एक सर्वे कराया। उस सर्वे की रिपोर्ट देखने पर डॉ. चन्द्रा को पता चला कि यह बीमा कम्पनी आधुनिकता से कोसों दूर है। कम्पनी के आफिस का फर्नीचर काफी पुराना हो गया है। दीवारों से पेंट उखड़ चुका है। आफिस में दिन में भी अँधेरा रहता है। एअरकंडीशन का नामो-निशान नहीं है। बैलगाड़ी की रफ्तार से चलने वाले कम्प्यूटर है। बड़े-बड़े रजिस्टर और बड़े-बड़े लैजर हैं। इनफॉरमेशन टैक्नोलॉजी के युग में यह कम्पनी औरों से काफी पीछे है, जबकि जमाना ऑनलाइन होने का है। ऐसी हालत में कोई भी व्यक्ति इस बीमा कम्पनी में नहीं आना चाहता...

जब यह सारी जानकारियाँ डॉ. बालकृष्ण ने कम्पनी के आला अफसर डॉ. प्रशान्त को बताईं तो वे अचम्भे में आ गये। हड़बड़ाए स्वर में उन्होंने अपने मातहतों से कहा, "कम्पनी की ऐसी हालत है तो मुझे पहले क्यों नहीं बताया गया, आई कैन नॉट एफोर्ड सच थिंग इन माई कम्पनी।"

मातहतों ने सर झुका लिया। सिर झुकाए एक ने फुसफसाया, ''कितनी बार तो बताया था आपको। क्या बैंड बजा बजा कर बताते। विदशों में यात्रा करने से फुर्सत मिले तब तो सोचें कुछ कम्पनी के बारे में।''

"आप चिन्ता न करें सर, अभी भी कुछ नहीं बिगड़ा है।'' डॉ. बालकृष्ण ने कहा।

"ओह रियली..." उनके चेहरे पर खुशी आ गयी।

"यस सर...अभी बहुत कुछ किया जा सकता है।"

"अच्छा, क्या-क्या किया जा सकता है।'' उन्होंने उत्सुकता से पूछा।

"हमारे पास आपकी कम्पनी के लिए एक नया प्लान है।" डॉ. बालकृष्ण ने कहा।

"क्या है प्लान..." डॉ. प्रशान्त की उत्सुकता बढ़ गयी।

"सर, सबसे पहले आपको कम्पनी के आफिस की जगह बदलनी होगी।" डॉ. बालकृष्ण ने बताया।

"आफिस की जगह बदलनी होगी...पर बरसों से हमारा आफिस वहीं है।" उन्होंने थोड़ा एतराज जताया।

"यही तो दिक्कत है सर! आपको वक्त के हिसाब से बदलना होगा। यह देखिए सर, फार्चून मैगजीन में रिपोर्ट छपी है कि जो कम्पनियाँ समय के हिसाब से नहीं बदलीं, वे तबाह हो गयीं।" कहकर डॉ. बालकृष्ण ने फार्चून मैगजीन में छपी रिपोर्ट उनके सामने रख दी।

डॉ. प्रशान्त घबरा गये उस रिपोर्ट को देखकर। कहीं उनकी कम्पनी की हालत तो ऐसी नहीं हो जायेगी।

"तो क्या किया जाये..." उन्होंने घबराए स्वर में पूछा।

"आपको आफिस की वह जगह बदलनी होगी। अब वह बहुत भीड़-भाड़ वाली हो गयी है। पार्किंग वगैरह की कोई जगह नहीं है। लोग यहाँ आने से कतराते हैं। आपको अपना ऑफिस किसी खुली जगह में ले जाना होगा, किसी व्यवसायिक सेंटर में।"

"पर मुम्बई में ऐसी जगह है कहाँ।" उन्होंने पूछा।

"है एक जगह..." डॉ. बालकृष्ण ने उन्हें आश्वस्त किया।

"कहाँ....?????"

"बांद्रा कुर्ला कॉम्प्लेक्स की एक आलीशान बिल्डिंग में जगह है। बहुत बड़ी जगह है। पर बहुत सस्ते दामों में आपको मिल जायेगी।"

"बांद्रा कुर्ला कॉम्प्लेक्स..." उन्होंने नाक-भौं सिकोड़ी, "वह जगह तो एकदम

कोने में है। सुना है वहाँ कोई जाना नहीं चाहता।"

"आज जाना नहीं चाहते, पर दो साल बाद देखिएगा, वहाँ जगह नहीं मिलेगी।" डॉ. बालकृष्ण ने मुस्कराते हुए कहा।

"वहाँ जगह मिल जायेगी?" उन्होंने पूछा।

"वो सब हमारे ऊपर छोड़ दीजिए। हम वहाँ अच्छी जगह दिला देंगे।" डॉ. बालकृष्ण ने उन्हें आश्वस्त किया।

"पर सर, जगह के साथ-साथ आपको और भी कई बदलाव करने होंगे।" डॉ. बालकृष्ण ने कहा।

"मसलन....."

"आपको फर्नीचर, ए.सी, कम्प्यूटर सब लगाने होंगे। पेपरलेस आफिस बनाना होगा। शहर में आपकी कम्पनी के बड़े-बड़े होर्डिंग लगाने होंगे। टी.वी. में विज्ञापन होंगे। अखबारों में महीनों तक बड़े-बड़े इश्तेहार दिये जायेंगे, आपकी कम्पनी की एक ब्रांडिंग होगी, कम्पनी का 'लोगो' होगा। कम्पनी अपने नाम से नहीं, अपने 'लोगो' और पंचलाइन से जानी-पहचानी जायेगी।' डॉ. बालकृष्ण ने अपनी योजना उनके सामने रख दी।

कुछ पल के लिए घबरा गये डॉ. प्रशान्त उनकी इस योजना को सुनकर।

"पर इसमें तो काफी खर्च आयेगा।" उन्होंने सवाल किया।

"पर इसमें फायदा भी आपका ही होगा। आप आज थोड़ा-सा खर्च करके कल ज्यादा कमा सकते हैं और इस प्लान से आपकी कम्पनी का पूरा कायाकल्प हो जायेगा और आपकी कम्पनी दिन दूनी रात चौगुनी रफ्तार से आगे बढ़ेगी।"

डॉ. प्रशान्त मन ही मन खुश हो गये। वे अगले साल रिटायर होने वाले थे। यदि उनके रहते कम्पनी का मुनाफा बढ़ जाता है, तो हो सकता है सरकार उनके काम से खुश हो जाये और उन्हें एक्सटेंशन दे दे।

"तो ठीक है। फौरन से पेशतर आप अपना प्लान पेश करिए।" उन्होंने अपनी सहमति जताई।

दो दिन बाद डॉ. बालकृष्ण कम्पनी का कायाकल्प करने का प्लान लेकर आये। उनकी कम्पनी के कुछ अधिकारियों के साथ उनकी बैठक हुई।

सबसे पहले डॉ. बालकृष्ण ने कहा, "आपको पता है कि लोग आपकी कम्पनी में बीमा लेने क्यों नहीं आते।"

"आप अपनी बात कहिए।" डॉ. प्रशान्त ने थोड़ा गुस्से में कहा।

उन्हें लगा कि ये कल के लड़के उन्हें क्या बतायेंगे। सारी जिन्दगी बीत गयी

उनकी इस कम्पनी में। उनके बाल यूँ ही नहीं सफेद हुए।

डॉ. बालकृष्ण ने उनकी नाराज़गी को भाँप लिया। सोचा उन्होंने, यदि उन्हें इनसे कान्ट्रेक्ट लेना है तो इनके अंहकार को बनाये रखना होगा।

"मेरा मतलब है कि यदि आप कम्पनी का आफिस किसी ऐसी जगह ले जायें जहाँ काफी खुली जगह हो, जहाँ पार्किंग की जगह हो, जहाँ और भी कम्पनियाँ हों, और जो जगह बिजनेस सेंटर के नाम से जानी जाती हो। और फिर सर, जगह का भी अपना महत्व तो होता है न।" डॉ. बालकृष्ण ने दयनीयता से कहा।

"हाँ, यह बात तो ठीक है।" उन्होंने उनकी बात का समर्थन किया।

और बताइए।

"दूसरा सर, आपके आफिस को ऑनलाइन होना होगा।" डॉ. बालकृष्ण ने बताया।

"हाँ, यह आपने बिल्कुल ठीक कहा। मैं भी ऐसा ही सोच रहा था।" डॉ. प्रशान्त ने उनकी बात का समर्थन किया।

"और सर, कम्पनी में नया फर्नीचर लाना होगा। पूरे आफिस को एअरकंडीशन करना होगा। जासूसी करने वाले कैमरे, दीवारों पर मोनालिसा की मुस्कान वाली पेंटिंग्स, सी.सी.टी.वी., आटोमैटिक दरवाजे, फर्श पर बेहतरीन कालीन, हर कमरे में बौन्जाई पौधे, हर टेबल पर लैपटाप। सब बदलना होगा।"

डॉ. प्रशान्त सोच में पड़ गये। कुछ देर सोचते रहे। फिर धीरे से कहा, "ठीक है, आप काम शुरू करिए।"

डॉ. बालकृष्ण खुश हो गये। उन्होंने बांद्रा कुर्ला कॉम्प्लेक्स की एक बिल्डिंग में इन्वेस्ट किया था। दो फ्लोर थे उनके पास। काफी समय से इस जुगत में थे कि कोई कम्पनी उनकी उस जगह को किराए पर ले ले। पर काम बन नहीं रहा था। उन्हें लगा कि आज उनका काम बन जायेगा।

सबको कम्पनी के कायाकल्प करने का प्रस्ताव समझ में आ गया। खुश भी हो गये, अब उनका आफिस भी आधुनिक हो जायेगा। आखिर आफिस भी तो उनका दूसरा घर है, जहाँ अपने दिन का एक्टिव समय गुजारते हैं।

और देखते ही देखते कम्पनी का आफिस शहर से बीस किलोमीटर दूर बांद्रा कुर्ला कॉम्प्लेक्स के एक बड़े और खुले भवन में शिफ्ट कर दिया गया। आनन-फानन में नया फर्नीचर आ गया। नये कम्प्यूटर आ गये, नये ए.सी. आ गये। बेहतरीन कालीन आ गये। दीवारें रंगीन हो गयीं। उन दीवारों पर खूबसूरत पेंटिंग्स लगाई गयीं। मेन गेट पर मोनालिसा की मुस्कान वाली पेंटिंग। खिड़कियों

पर ऐसे शीशे लगाए गये, जहाँ से बाहर की हवा भी अन्दर न आ सके।

कम्पनी के सारे लोगों को इकट्ठा करके नयी जगह दिखाने ले जाया गया। सबके मन में उत्साह था। नया आफिस, नया माहौल, नया फर्नीचर, नया कम्प्यूटर, सब कुछ बदला-बदला और नया-नया। सब खुश थे।

पर ज्यों-ज्यों बस शहर से बाहर निकलती गयी, सबका उत्साह धीरे-धीरे कम होता गया। अरे इतनी दूर...यहाँ तक कैसे आयेंगे। कितना टाइम लगेगा...कितने बजे की लोकल लेंगे...कितने बजे की लोकल दादर से बदलनी होगी...बांद्रा स्टेशन से तो बहुत दूर है...कैसे आयेंगे बांद्रा स्टेशन से यहाँ तक...सुबह कितने बजे घर से निकलना होगा...और कितने बजे वापस पहुँचेंगे...कुर्ला स्टेशन भी बहुत दूर है, कुर्ला से यहाँ तक कैसे पहुँचेंगे...ऐसे ढेरों सवाल उनके जेहन में घूमने लगे।

बांद्रा कुर्ला कॉम्प्लेक्स के पास पहुँचते ही सब हैरान रह गये।

"अरे यह जगह ऐसी हो गयी।" किसी बुजर्ग-से सज्जन ने कहा।

"यहाँ तो इतनी इतनी बड़ी-बड़ी बिल्डिंगें बन गयीं।" किसी अन्य ने कहा।

''यहाँ तो पहले मैंग्रोण्स थे, जो समन्दर के कटाव को रोकते थे। बिल्डिंगें बनाने के चक्कर में वे सारे पेड़ काट दिये क्या??????''

"देखना मुम्बई में फिर किसी दिन सुनामी आयेगी। पहले से कई गुना विनाशकारी।"

"बिल्डिंगें भले ही बनाते, पर मैंग्रोव्स को तो नहीं काटना चाहिए था।" किसी ने मर्सिया पढ़ा।

अपने घर से दूरी को देखकर और लोकल से तालमेल न बैठ पाने के कारण सबकी खुशी कपूर की खुशबू की तरह उड़ गयी। जब सबको नया आफिस दिखाया गया तो किसी के मन में कोई उत्साह नहीं बचा। मुम्बई में रोज बीस किलोमीटर का ज्यादा सफर करना उनके लिए माउंट एवरेस्ट पर चढ़ने से कम न था। पहले ही लोकल में उनकी जान निकल जाती थी। जो थोड़ी-बहुत बचती थी तो वह यहाँ तक पहुँचने में निकल जायेगी। लोकल स्टेशन से इस आफिस तक पहुँचने के लिए आधा घंटा पैदल चलना पड़ेगा। रास्ते में गंदे नाले की बदबू। लोगों के मन में गहरी निराशा छा गयी थी। सबने दूरी की वजह से नये आधुनिक सुविधाओं से लैस इस आफिस को नकार दिया था। उन्हें पहला वाला आफिस ज्यादा माकूल था।

लेकिन कम्पनी के शाही फरमान के आगे उनकी एक नहीं चली और मजबूरन उन सबको नये आफिस आना पड़ा।

वे लोग आफिस गिरते-पड़ते पहुँच जाते थे। आफिस पहुँच कर आधा घंटा

इन्हें लोकल ट्रेन की यातना से बाहर आने में लगता और फिर घर लौटने की फिराक में लगे रहते थे। जल्द से जल्द कैसे आफिस से निकला जाये, इसी जुगत में रहते। सबके मन में गहरी निराशा थी, जिसका असर उनके काम पर पड़ा और कम्पनी का कारोबार बढ़ने की जगह लगातार कम हो गया।

कुछ दिनों बाद कम्पनी के सीईओ डॉ. प्रशान्त यह देख कर दंग रह गये। कम्पनी बन्द होने के कगार पर पहुँच चुकी थी। आलीशान आफिस, ऑन लाइन कम्प्यूटर, इंटरनेट, सुन्दर कालीन, बेहतरीन पेंटिंग्स किसी काम के साबित नहीं हुए। इतना पैसा खर्च करने के बाद भी कम्पनी को नुकसान हो रहा था। उन्हें महसूस हुआ कम्पनी में लोग बेहद निराश और परेशान हैं। उन्हें पता चला कि लोग बहुत मजबूरी में रोज आते हैं और शाम को चले जाते हैं। लोगों का मनोबल बहुत गिर चुका था।

लोगों के मनोबल को बढ़ाने के लिए ही डॉ. चन्द्रा की सेवाएँ ली गयी थीं।

नौ बज चुके थे और अभी तक आफिस के कॉन्फ्रेंस रूम में एक भी आदमी नहीं आया था। बहुत परेशान लग रहे थे डॉ. चन्द्रा। बार-बार घड़ी देख रहे थे। कुछ ही देर में एक अधेड़-सा आदमी उस हॉल में दाखिल हुआ। डॉ. चन्द्रा को देखकर वह कुछ सहम-सा गया। उसे कोई अपना परिचित वहाँ नहीं दिखाई दिया। साढ़े नौ बजे तक मुश्किल से पाँच लोग ही आ पाए थे।

"क्यों भई, इतनी देर क्यों हो रही है।" डॉ. चन्द्रा ने उससे पूछा।

"आ जायेंगे सर! यह मुम्बई है, लोकल एक बार अटक गयी तो अटक गयी।" उस आदमी ने बेपरवाही से जवाब दिया।

"अजीब लोग हैं। समय की कीमत ये लोग जानते ही नहीं। कैसे करेंगे बिजनिस, कैसे करेंगे ग्लोबल कम्पीटीशन का सामना।" डॉ. चन्द्रा मन ही मन बुदबुदाए।

दस बजे तक करीब पच्चीस-तीस लोग आ चुके थे। कुछ अधेड़, कुछ जवान। सबके चेहरों पर परेशानी की रेखाएँ थीं। गोया उन्हें जबर्दस्ती इस हाल में बिठाया गया हो। डॉ. चन्द्रा ने सोचा, एक बार बात शुरू हुई तो सब लोग सहज हो जायेंगे। बहुत तैयारी से आये थे डॉ. चन्द्रा। बहुत सारे चुटकले और कुछ रोचक किस्से भी याद कर लिए थे, जिनका वे अपनी बातचीत में उपयोग करने वाले थे। उन्होंने अपनी आवाज को गम्भीर बना कर कहना शुरू किया, "माई डियर फ्रेंड्स....

अचानक किसी का मोबाइल बज गया...ओम जय जगदीश हरे...

सब चौंक गये...

किसी ने टिप्पणी की। लो जी शुरू हो गया। किसी महिला का फोन था।

"मी बोलती..." उस महिला ने कहा।

फोन पर दूसरी तरफ से क्या कहा गया, यह किसी को नहीं पता चला पर उस महिला को यह कहते जरूर सुना, "ओके, बारह बजे तक मी आती। तब तक ख्याल रखना।"

फोन बन्द करके वह महिला खड़ी हो गयी। उसने बहुत ही विनम्रता से कहा, "सर मुझे जाना है।"

"क्यों क्या हुआ।" डॉ. चन्द्रा ने पूछा।

"सर, मैं अपने बेटे को क्रैच में छोड़कर आती हूँ। उसकी तबियत खराब हो गयी। क्रैचवालों का फोन था कि उसे आ कर ले जाओ।"

अजीब मुसीबत में फँस गये थे डॉ. चन्द्रा। उसे जाने देने या न जाने देने का फैसला वह नहीं कर सकते थे। वे तो सिर्फ यहाँ मोटिवेशन पर प्रवचन देने आये थे।

"कहाँ रहती हैं आप।" उन्होंने पूछा।

"कल्याण..."

"कल्याण...इतनी दूर। रोज आती हैं वहाँ से।" डॉ. चन्द्रा ने हैरानी व्यक्त की।

''हाँ सर, दो घंटे लगते हैं लोकल में। सुबह सात इक्तीस की लोकल लेती हूँ।''

"पर इतनी दूर क्यों..."

"पहले सर, ठीक था। वाशी में आफिस था। जबसे बांद्रा में आफिस आया है तब से बहुत दिक्कत हो गयी है।" उसने बताया।

उसकी बात सुनकर वे चुप हो गये। उन्हें चुप होता देख उस महिला ने कहा, "सर, मैं आज की छुटटी रख देती हूँ।"

"ओके, जैसा आप ठीक समझें।'' कहकर उन्होंने इस मुद्दे को यहीं खत्म करना चाहा।

अजीब लोग हैं। जरा-सी बात मैनेज नहीं कर सकते तो कैसे कम्पनी का कारोबार बढ़ायेंगे। उन्होंने मन ही मन सोचा। खैर, उन्होंने अपनी बात शुरू की और जो कुछ उन्हें मोटिवेशन पर आता था, वह सब उन्होंने बता दिया। बीच-बीच में वे कनखियों से देख रहे थे कि लोग उनकी बात नहीं सुन रहे हैं। उन्होंने देखा कि लोग या तो घड़ी देख रहे हैं या मोबाइल पर एस.एम.एस. कर रहे हैं या कोई गेम खेल रहे हैं। पर उन्होंने अपनी बात कहनी जारी रखी। बिजनेस स्कूल में पढ़ी किताबों का हवाला देकर, अपने अनुभवों को साक्षी रखकर।

सफल व्यक्तियों के किस्से सुनाकर, पौराणिक कथाओं को सुनाकर, अपनी बात को ज्यादा से ज्यादा रोचक और मजेदार बनाकर लगभग चालीस मिनट तक लगातार बोलते रहे। जिन्दगी में रोशनी भरने वाली कहानियाँ उन्होंने सुनाईं। ऐसी सलाहों का जिक्र किया जो आगे बढ़ाने के लिए हौसला देती थीं। किस्सों और चुटकलों, कविताओं और गजलों के जरिए लोगों के दिलों में उतारने की कोशिश की। अपनी बात खत्म करने पर उन्होंने वहाँ रखे गिलास से पानी पिया और पूछा–''कोई सवाल।''

उन्होंने सामने देखा कि एक हाथ उठा हुआ था।

"यस, कहिए..." डॉ. चन्द्रा ने उसे बोलने का इशारा किया।

"सर जो आपने कहा उससे हमें क्या फायदा होगा।" उसने सवाल किया।

"फायदा क्यों नहीं होगा। अनेक सर्वे इस बात के गवाह हैं। कम्पनियों को फायदा हुआ है।"

"कम्पनी को तो पहले से ही फायदा हो रहा है, पर हमें क्या मिलेगा।"

डॉ. चन्द्रा खीझ गये इस सवाल से। अजीब अहमक लोग हैं। "अरे भई, जब कम्पनी का फायदा होगा तो कुछ हिस्सा आपको भी मिलेगा।" उन्होंने कहा।

"पर सर, आज तक तो मिला नहीं।" उसने कहा।

उसके इस जवाब पर सब लोग हँस दिये।

"एक बात बताइए सर!" किसी दूसरे ने सवाल किया।

"हाँ, पूछिए..."

"टेल मी टू गुड रीजन्स व्हाई आई शुड वर्क...।"

डॉ. चन्द्रा चौंक गये इस सवाल से। ऐसा सवाल तो किसी ने उनसे नहीं पूछा था।

''वॉट डू यू मीन?'' उन्होंने हैरानी से कहा।

"जी, मेरा मतलब है, मैं काम क्यों करूँ।" उसने अपना सवाल हिन्दी में दोहरा दिया।

"आप को काम तो करना होगा, क्योंकि आप कम्पनी के कर्मचारी हैं और कम्पनी आपको सेलरी देती है।" उन्होंने सरल शब्दों में उसे बताया।

"कर्मचारी तो सभी हैं और सेलरी तो कम्पनी सभी को देती है। सेलरी तो उन लागों को भी मिलती है जो बिल्कुल काम नहीं करते।" उसने उदण्डता से कहा।

उसकी बात सुनकर सभी लोग खिलखिला कर हँस पड़े। उस आदमी के चेहरे पर विजेता की मुस्कान थी।

"सर, आफिस टाइम में लोग शेयर बाजार में धन्धा करते हैं। सेलरी तो उनको भी मिलती है।" किसी दूसरे ने कहा।

डॉ. चन्द्रा को लगा कि यह मामला प्रेरणा का न होकर अनुशासन का हो गया है। उन्होंने इसें ज्यादा तवज्जो न देते हुए कहा–

"हर इंसान का जीवन में कोई न कोई मकसद होता है। आपका क्या मकसद है।" डॉ. चन्द्रा ने चुप बैठे लगभग बीस-बाईस साल के लड़के से सवाल किया।

"मेरा..." वह चौंक गया।

"हाँ, तुम्हारा। जीवन में क्या मकसद है तुम्हारा।"

डॉ. चन्द्रा ने सोचा था कि अभी यह कुछ कहेगा तो उसकी बात को आगे बढ़ायेंगे।

"मेरा तो यही मकसद है कि मैं जिन्दगी ठीक से जीता रहूँ। और जितनी जल्दी हो सके, मुम्बई से भाग जाऊँ।" उसने सहजता से जवाब दिया।

डॉ. चन्द्रा हैरान रह गये। यह कैसा जवाब है, इस पर क्या कहें।

उन्होंने फिर पूछा, "कोई विजन, ग्रैंड विजन नहीं है तुम्हारा।"

"सर, क्या विजन होगा इस बिचारे का। इसके तो बहुत छोटे-छोटे मकसद हैं। जब से मुम्बई आया है, परेशान है और बीमार रहता है। इसे मुम्बई रास नहीं आयी। एक खोलीनुमा कमरे में रहता है, जिसके चारों तरफ गन्दगी है। कितनी बार इसको कहा कि कमरा बदल ले। पर नहीं बदलता, और कम्पनी भी तो इसे घर नहीं देती। अब कर्मचारियों की सहूलियत के लिए कम्पनी को तो घर देना चाहिए। कोई बिना घर के मुम्बई में कैसे रह सकता है। रोज लोकल की भीड़ को देखते ही इसके प्राण पखेरू उड़ने लगते हैं। अपने आँसुओं से किसी तरह अपने आप को तसल्ली देता है। रोते-रोते आफिस आता है ओर रोते-रोते वापस जाता है।"

"क्यों, क्या तकलीफ है इसे।"

"तकलीफ...लोकल सबसे बड़ी तकलीफ है। तकलीफ ही नहीं, तकलीफ का बाप है। आप कभी लोकल में सफर करके आइए और फिर ऐसा प्रवचन दीजिए तो आपको सब तकलीफें समझ में आ जाएँगी।" एक ने कहा।

डॉ. चन्द्रा को लगा कि बात कम्पनी की नीतियों की तरफ न चली जाये, इसलिए उन्होंने अपनी बात बदल दी।

"देखिए हमेशा पाजिटिव सोचिए। आपका सपना जरूर पूरा होगा।" डॉ. चन्द्रा ने कहा।

"हर बात को पाजिटिव अंजाम तक ले जाने में इंसान खुद अपने आप को वाहियात समझने लगता है।" किसी एक ने कहा।

"तुम्हारा कोई सपना तो होगा?"

"सर, कोई एक सपना तो होता नहीं। सपने तो रोज बदलते रहते हैं। पर सर, दुनिया हमारे अन्दाज से ज्यादा जालिम है। यह किसी सपने को पूरा नहीं होने देती। और अगर कोई सपना पूरा हो भी जाये तो बहुत कुछ गँवाना पड़ता है। हकीकत में जिन्दगी की कहानी हमेशा सुखांत नहीं होती।"

"सर, आप मोटिवेशन की बात करते हैं। आलम तो यह है कि जो नये लोग कम्पनी में आ रहे हैं, उनकी काम में कोई दिलचस्पी नहीं। सारा दिन इंटरनेट में सरफिंग करेंगे कि कहाँ बेहतर नौकरी मिल सकती है।" किसी और ने कहा।

"तो फिर इसमें हर्ज क्या है।" डॉ. चन्द्रा ने सहमति व्यक्त की।

"तो फिर उनका काम कौन करेगा।" उसने सवाल किया।

"आप लोगों को मिलजुल कर करना है। यही तो टीम वर्क है।"

"अपना काम भी हम करें और उनका काम भी हम करें। यह कहाँ का टीम वर्क है। यदि यही टीम वर्क है तो हमें नहीं करना काम।" एक पचास साल की महिला ने गुस्से में कहा।

"हाँ, हाँ सर, हमें नहीं करना काम। रखिए अपना टीम वर्क अपने पास।" दो-तीन लोगों ने एक स्वर में कहा।

डॉ. चन्द्रा का खून खौल गया। वे समझ गये ये लोग मुझे सीरियसली नहीं ले रहे हैं। मुझे, जिसने देश के बेहतरीन स्कूल में एम.बी.ए. की डिग्री हासिल की है। और इनका सी.ई.ओ. मुझे सर कहकर बुलाता है।

"देखिए पाँचों उँगलियाँ एक जैसी नहीं होतीं।" उन्होंने समझाने की कोशिश की।

"सर, हम टीम के रूप में काम कर रहे हैं, लेकिन हमारी दिक्कतों को भी समझना चाहिए।"

"क्या दिक्कतें हैं आपकी।" डॉ. चन्द्रा को लगा कि गाड़ी पटरी पर आ रही है।

"जब से यह हमारा आफिस यहाँ शिफ्ट हुआ है, हमारा ट्रैवलिंग टाइम सुबह-शाम एक एक घंटा बढ़ गया है। कुर्ला से तो यहाँ आने में उतना ही टाइम लगता है, जितना वाशी से कुर्ला आने में। कोई आटो नहीं मिलता। कभी-कभी तो पैदल आना पड़ता है। बरसात में सारे रास्ते कीचड़ जमा रहता है। कीचड़ से गुजर कर आना पड़ता है। और जमीन इतनी गन्दी होती है कि नीचे देखें तो उल्टी हो जाये। आप कभी कुर्ला स्टेशन से यहाँ तक पैदल चलकर आइए।" उसने अपनी दास्तान बयाँ की।

"यह सबके साथ तो नहीं है।"

"नहीं सर, सबके साथ ही ऐसा कुछ है। किसी के साथ कुछ कम, किसी के साथ ज्यादा। यह मुम्बई है सर! यहाँ लोग कम्पनी के टाइम से नहीं, लोकल के टाइम से चलते हैं।" किसी ने कहा।

"पर आपको हर हाल में अपनी परफार्मेंस में सुधार करना होगा।"

"कैसे करें सुधार, हमें जो कम्प्यूटर दिया गया है, वो बार-बार हैंग होता है। दो एमबी की रैम लगी हुई है। उससे कम्प्यूटर बैलगाड़ी की रफ्तार से चलता है। कैसे परफार्मेंस में सुधार करें।"

इससे पहले कि डॉ. चन्द्रा बोलें, एक सज्जन कहने लगे, "दिन में कनेक्टीविटी ही नहीं रहती, कैसे काम करें।"

"अब देखिए सर, यह सेशन दो घंटे का रखा गया। काम तो हमारा पेंडिंग हो गया न। और फिर कोई नई बात तो बताई नहीं आपने। सिर्फ पाँचवीं क्लास में पढ़ाये जाने वाले किस्से और कहानियाँ ही सुनाई हैं।" एक अधेड़ से आदमी ने कहा।

डॉ. चन्द्रा को लगा, सारे लोग उनके व्याख्यान की खिल्ली उड़ा रहे हैं।

"देखिए यह स्थितियाँ तो सब जगह होंगी।" डॉ. चन्द्रा ने लोगों को शान्त करने की काशिश की।

"पर सर, कम्पनी को यह तो सोचना चाहिए कि इससे फायदा किसको हो रहा है। सारा काम आउटसोर्सिंग से हो रहा है। आफिस को इस जगह लाने में, आफिस का कायाकल्प करने में किसको फायदा हुआ है, यह तो आपको भी पता है।"

डॉ. चन्द्रा घबरा गये। ये लोग इतने भोले नहीं हैं, जितना वे समझते थे। इन्हें सब पता है।

"वो तो जरूरत है।" डॉ चन्द्रा ने कहा।

"पर हमें तो कोई जरूरत नहीं लगती। अब आप ही को देखिए। आपकी कम्पनी को हम लोगों को मोटिवेट करने के लिए कितने पैसे दिये होंगे। सर, मोटिवेट ही करना है तो कम्पनी के हालात बदलिए, कम्पनी की सोच बदलिए, कम्पनी की नीतियाँ बदलिए। आला अफसरों का रवैया बदलिए। मुम्बई जैसे शहर में तमाम परेशानियों के साथ लोग दिलो-जान से काम कर रहे हैं। तभी कम्पनी को फायदा हो रहा है। और आपकी कम्पनी को कान्ट्रेक्ट मिला है और आपको सैलरी मिल रही है।" एक ने कहा।

डॉ. चन्द्रा को लगा कि इन लोगों ने मिलकर उनकी नाव में बड़ा-सा छेद कर दिया है। एम.बी.ए. की उनकी डिग्री को हवा में उछाल दिया है। वह अपने

आप को थके-हारे और अपमानित महसूस कर रहे थे। पर उन्हें यह भी लग रहा था कि इनकी बातों में दम है। पर फौरन उन्होंने इस विचार को त्याग दिया। सोचा, उन्हें इससे क्या। उन्होंने तो अपना काम पूरा किया। अब यह लोग नहीं समझने को तैयार, तो न समझें। उन्हें क्या...उनकी कम्पनी तो इनकी कम्पनी से एडवांस पेमेंट ले चुकी है। उनकी कम्पनी को कोई फर्क नहीं पड़ता कि इस कम्पनी के लोग काम करते हैं या नहीं। पर एक सीख उन्हें यहाँ जरूर मिली कि अगली बार वो अपने प्रवचन में इन बातों को भी शामिल करेंगे, जिसका जवाब वे यहाँ नहीं दे पाये थे।

अँगूठी

हरिराम ने धीरे से कमरे में प्रवेश किया। देखा कि उनका बेटा सुशील कुमार किताब में आँखें गाढ़े पढ़ने में मशगूल था। मेज पर ढेर सारी किताबें बिखरी हुई थीं। पलंग पर इधर-उधर कई मैगजीन फैली हुई थीं।

"देखो बेटा, दो दिन बाद तुम्हारा इम्तिहान है। यदि तुम पास हो जाते हो तो समझ लो जीवन के सब सुखों का दरवाजा तुम्हारे लिए खुल जायेगा।" हरिराम ने इंजीनियरिंग के इम्तिहान की तैयारी कर रहे अपने बेटे सुशील कुमार से कहा।

सुशील कुमार का परसों इंजीनियरिंग के दाखिले का इम्तिहान था। उसे पता था कि लाखों छात्र इम्तिहान में बैठ रहे हैं। यदि मेरिट लिस्ट में उसका नाम आ जाता है और उसे किसी अच्छे कॉलेज में दाखिला मिल जाता है तो उसका जीवन सँवर जायेगा। उसने तैयारी भी खूब की थी। कोचिंग क्लास भी ली थी।

"हाँ पिताजी।" सुशील कुमार ने कहा।

"अच्छी तरह से हर सवाल का जवाब देना। सोच-समझ कर। लिखने से पहले दो-दो बार सवाल को पढ़ना जिससे उत्तर लिखने में कोई गलती न हो।" उन्होंने अपने बेटे को हिदायत दी।

"जी," ...सुशील कुमार ने अपने पिता की बात पर सहमति जताई।

"तैयारी तो पूरी कर ली है न।" हरिराम ने आश्वस्त होना चाहा।

"जी पिताजी, पूरी तैयारी है। आप बिल्कुल चिन्ता न करें। इंजीनियरिंग कॉलेज में मेरा दाखिला जरूर हो जायेगा।" सुशील कुमार ने पिता को आश्वस्त करते हुए कहा।

"हाँ, बेटा, हो जाये तो बहुत अच्छा है। परसों जाने से पहले यह अँगूठी पहन लेना।" कहकर अपनी जेब से अँगूठी निकाल कर सुशील कुमार की किताबों की मेज पर रख दी।

"क्यों...क्या है इस अँगूठी में...।" सुशील कुमार ने अनमने भाव से अँगूठी को देखा।

"इसमें हीरा और पन्ना जड़ा हुआ है।"

"क्या होगा इसे पहनने से ।" सुशील कमार ने सहजता से पूछा।

"इसे पहनने से दिमाग ठंडा रहता है।"

"तो क्या मेरा दिमाग गर्म रहता है।" उसने प्रतिवाद किया।

"नहीं, मेरा मतलब वह नहीं है, इससे हर काम में सफलता मिलती है। दो दिन बाद तुम्हारा इम्तिहान जो है। हीरा-पन्ना जड़ित अँगूठी से सरस्वती की कृपा बनी रहती है।"

सुशील कुमार पिता की बात सुनता रहा, कुछ नहीं बोला।

"इसे पहनने से मन एकाग्र रहता है और मानसिक शान्ति मिलती है।" हरिराम ने फिर कहा।

"इम्तिहान तो मेरा अच्छा होगा ही। मैंने तैयारी भी अच्छी तरह से की है।" सुशील कुमार में प्रतिवाद का स्वर बरकरार था।

"पर इसे पहन ले। तेरे भले के लिए कह रहा हूँ।" हरिराम ने क्षुब्ध होकर कहा।

"इसे पहनने से ऐसा लगता है कि हाथ में कुछ फालतू चीज लगी हुई है। लिखने में मुझे दिक्कत होती है।"

"कोई दिक्कत नहीं होती। इसे पहनने से तो लोगों के रुके हुए काम हो जाते हैं। सारी दुनिया पहनती है। मैंने हरिद्वार से बाबा के आश्रम से इसे सिद्ध करके मँगवाया है, खास तेरे लिए और तू कहता है पहनने में दिक्कत होती है।" उन्होंने थोड़ा गुस्से से कहा।

"वो तो ठीक है, पर मुझे अँगूठी पहनना पसन्द नहीं है।" इस बार सुशील कुमार ने स्पष्ट शब्दों में मना कर दिया।

"पसन्द हो या न हो, पर तुझे इसे पहनना ही है। इससे इम्तिहान अच्छा होगा।" उन्होंने जोर देकर कहा।

"इसके पहनने-भर से इम्तिहान कैसे अच्छा हो सकता है।" सुशील कुमार ने सवाल किया

"क्यों...क्यों नहीं अच्छा होगा। इम्तिहान में देखना, कई लड़के पहन कर आये होंगे।" हरिराम ने कहा।

"आप कैसी बातें करते हैं, इम्तिहान अच्छा होगा अच्छी तरह लिखने से...। अच्छी तरह से सही उत्तर देने से। सिर्फ अँगूठी को पहने से ही मेरिट में नाम आने वाला होता तो सारे लड़के इम्तिहान की तैयारी करने के बजाय अँगूठी पहन कर इम्तिहान दे देते और पास हो जाते।" सुशील कुमार ने उपहासात्मक स्वर में कहा।

सुशील कुमार को पता था कि उसके पिता आये दिन इन आश्रमों के चक्कर काटते रहते हैं। कभी एक बाबा के यहाँ, कभी दूसरे बाबा के यहाँ। पता नहीं इनके कौन से काम रुके पड़े हैं। अच्छा-खासा कमाते हैं, फिर पता नहीं क्यों यह बार-बार बाबाओं के चक्कर काटते रहते हैं। उसे यह भी पता था, उसके पिता यदि अपनी जिद पर अड़ गये तो अपनी बात मनवाकर ही रहेंगे। पूरा घर उन्हीं की जिद पर ही तो चलता है। आये दिन कभी घर में हवन कराते रहते हैं, कभी सुन्दरकांड का पाठ, तो कभी अखंड रामायण का पाठ। पर उसे इनमें कोई दिलचस्पी नहीं थी। वह तो अपनी पढ़ाई में मग्न रहता था। इस मामले में सुशील कुमार ने भी तय कर लिया था कि वह अँगूठी नहीं पहनेगा। भला ऐसे कैसे हो सकता है कि अँगूठी पहनने से इम्तिहान अच्छा हो जाये।

"अच्छा, देखता हूँ।" सुशील कुमार ने अनमने ढंग से कहा।

"देखना-वेखना कुछ नहीं, बस इसे पहन लो और हो सके तो रात को ही पहन कर सोना, जिससे सुबह उठते ही चित्त पूरी तरह शान्त रहे।"

सुशील कुमार कुछ नहीं बोला। पिता खामोशी से कमरे से बाहर चले गये।

उनके जाते ही सुशील कुमार ने अपने कमरे का दरवाजा बन्द कर लिया और अन्दर से सिटकनी लगा दी।

पर हरिराम के मन में आशंका हो रही थी कि उनका बेटा उनकी बात नहीं मानेगा। इस बात को लेकर अक्सर उससे खटपट हो जाया करती थी। उन्हें गायत्री मंत्र कंठस्थ था, लेकिन सुशील कुमार उसे सुनना ही पसन्द नहीं करता था। कहता था, अर्थ तो समझ में नहीं आता। बिना अर्थ समझे रटने और रोज जोर-जोर से उच्चारण करने से क्या फायदा। यह बात उन्हें बड़ी नागवार गुजरती कि सुशील कुमार गायत्री मंत्र का मजाक उड़ा रहा है। हरिराम ने कई बार उसे गायत्री मंत्र का अर्थ समझाने की कोशिश की, लेकिन सुशील कुमार उनकी बात एक कान से सुनता और दूसरे कान से निकाल देता। उसकी इस हरकत पर वे अक्सर खिन्न रहा करते थे।

ड्राइंग रूम में बैठी उनकी पत्नी दूसरे कमरे में पिता और पुत्र का वार्तालाप सुन रही थी। पति के चेहरे पर गुस्से की रेखाएँ देखीं तो कहा, "क्यों उसके पीछे पड़े रहते हो, नहीं पहनता तो न पहने।"

"मैं इसके भले के लिए कह रहा हूँ। पहन लेगा तो क्या इज्जत कम हो जायेगी। कितनी मुश्किल से बाबा ने इसे तैयार किया था। तुम्हें तो पता है।"

“अब आजकल के बच्चे हैं। नहीं मानते इन बातों को तो न मानें।” उसने हरिराम को समझाने की कोशिश की।

“नहीं मानते इसीलिए तो यह हाल है।” हरिराम ने गुस्से से कहा।

“तो आप क्यों परेशान होते हो। अपने आप समझ जायेंगे।” पत्नी ने समझाया।

“कुछ समझ में नहीं आयेगा इन्हें। हजारों साल से यह चीजें चली आ रही हैं। व्यर्थ थोड़े ही न, व्यर्थ होता तो मेरे पिता मुझे क्यों पहनाते, तुम क्यों पहनतीं। देखो हम लोगों ने पहनी हुई है कि नहीं।” उन्होंने अपनी उँगलियों को अपनी पत्नी को दिखाते हुए कहा।

वाकई उनकी चारों उँगलियों में से दो उँगलियों में लाल और हरे पत्थरों से जड़ी अँगूठियाँ थीं, तीसरी उँगली में सोने की अँगूठी थी।

उनकी बात सुनकर पत्नी की नजर भी अपनी उँगलियों पर पड़ी। उसने भी हर उँगली में अँगूठी पहन रखी थी। किसी में नीलम था, किसी में पन्ना और किसी में हीरा।

“अब बाबा जी ने भी कहा है कि हमेशा नहीं पहनता तो न पहने, पर इम्तेहान के वक्त तो पहना देना। सफलता जरूर मिलेगी। बाबा जी ने कहा था कि नहीं कहा था।”

पत्नी ने सहमति में सर हिलाया।

“अब तुम समझाओ इसे कि इम्तिहान में जाने से पहले अँगूठी जरूर पहन ले।” उन्होंने पत्नी को आदेशात्मक स्वर में कहा।

अगले दिन सुबह सुशील कुमार की माँ ने देखा कि सुशील कुमार ने अँगूठी नहीं पहनी तो उसने कहा, “बेटा, कल तुम्हारे पापा ने तुम्हें अँगूठी पहनने के लिए दी थी, उसे पहन लो।”

“क्यों पहनूँ अँगूठी।” सुशील कुमार ने अक्खड़ता से कहा।

“तुम मानो या न मानो पर उनकी बात रखने के लिए पहन लो। वे कल से बहुत गुस्से में हैं।” माँ ने समझाने की कोशिश की।

“यह तो कोई बात नहीं हुई कि उनका मन रखने के लिए पहन लूँ। जिस चीज का तर्क और विवेक से कुछ लेना-देना नहीं, उसे कैसे मान लूँ।” सुशील कुमार ने माँ से तर्क करते हुए कहा।

“हर चीज को तर्क और विवेक की कसौटी पर न कसा करो।” माँ ने फिर समझाया।

“क्यों...क्यों न करूँ। तर्क के लिहाज से जो ठीक होगा वही करूँगा।” उसने कहा।

''उस समय तर्क कहाँ चला जाता है जब वैज्ञानिक कोई भी नया प्रोजेक्ट शुरू करने से पहले बाला जी के मन्दिर जाते हैं। पूजा-अर्चना करते हैं नीलम, मूँगा और न जाने क्या-क्या पहनते हैं।'' माँ ने उसके तर्क का जवाब तर्क से दिया।

"वो मुझे नहीं पता...पर मैं वही करूँगा जो मुझे ठीक लगेगा।" सुशील कुमार की अक्खड़ता बरकरार थी।

"तुम्हारे लिए उस अँगूठी को पहनना ही ठीक है। कम से कम हम लोगों की खुशी के लिए ही पहन लो।" माँ ने समझाया।

माँ के इस तर्क पर सुशील कुमार कुछ नहीं बोला।

"लाओ कहाँ है अँगूठी, मैं खुद ही पहना देती हूँ।''

"यहीं कहीं रखी होगी।" सुशील कुमार ने अनमने भाव से कहा।

"तुमने सँभाला नहीं उसे। बहुत कीमती अँगूठी है।" माँ ने कहा।

"नहीं, पिता जी ने जहाँ रखी थी, वहीं होगी। मैंने दुबारा देखी ही नहीं।" सुशील कुमार ने लापरवाही से कहा।

माँ ने इधर-उधर नजर दौड़ाई। अँगूठी एक किताब के नीचे रखी थी।

"यह रही..." माँ ने अँगूठी हाथ में लेते हुए कहा, "लाओ हाथ; मैं पहना देती हूँ।"

सुशील कुमार ने देखा कि उसकी माँ अँगूठी हाथ में लेकर उसे पहनाने के लिए तैयार है तो घबरा-सा गया। बोला, "आप जाओ, मैं अपने आप पहन लूँगा।"

माँ एक दम चुप रही। उसे चुप देखकर सुशील कुमार ने कहा, "हाँ, हाँ, पहन लूँगा। आप बेफिक्र रहिए।"

"पक्का पहनोगे।" माँ ने फिर पूछा।

"हाँ...हाँ...पक्का..." कहकर सुशील कुमार ने अँगूठी माँ के हाथ से ले ली।

"ठीक है। कल इम्तिहान में जाने से पहले मुझे दिखाकर जाना।" माँ ने कहा और उसके कमरे से बाहर चली गयी।

माँ ने जाकर अपने पति हरिराम से कहा, "बेटा अँगूठी पहनने के लिए तैयार हो गया है। कल इम्तिहान में अँगूठी पहन कर जायेगा।"

सुनकर हरिराम को बड़ा सन्तोष हुआ।

माँ के कमरे से बाहर जाते ही सुशील कुमार ने अँगूठी को किताबों के रैक के पीछे ऐसी जगह छिपा दिया कि ढूँढे न मिले। फिर उसने सोचा, कल के इम्तिहान में सम्भावित सवालों को एक बार फिर से याद कर लूँ। फिर सोचा, याद तो मैं कई बार कर चुका हूँ, क्यों न एक बार फिर सारे सवालों को लिखकर देख लेता हूँ। लिहाजा वह देर रात तक सारे सवालों का जवाब लिखने का अभ्यास करता

रहा। जब सारे सवालों का जवाब वह लिख चुका तो उसे बहुत तसल्ली हुई। सोचा कल सुबह के इम्तिहान में सफलता जरूर मिलेगी।

अगले दिन सुबह जल्दी उठा और नहा-धोकर इम्तिहान के लिए निकलने लगा। जब जाने लगा तो माँ और पिताजी दोनों ने देखा कि अँगूठी उसकी उँगलियों में नहीं थी। सुशील कुमार के हाथ में अँगूठी न देखकर उनका पारा एकदम चढ़ गया। लेकिन इस समय बेटे को टोकना उचित न समझा। मन मसोस कर रह गये।

इम्तिहान का पर्चा देखकर सुशील कुमार की बाँछें खिल गयीं। जो सवाल इम्तहान में पूछे गये थे, उन सवालों का जवाब तो वह न जाने कितनी बार याद कर चुका था। याद ही नहीं, लिख कर भी देख चुका था। बिना अँगूठी वाला उसका हाथ बिजली की गति से उन सवालों का जवाब लिखने में मशगूल हो गया।

इम्तिहान देकर सुशील कुमार जब घर आया तो वह खुश था बहुत खुश।....

कबूतर और कबूतर

सोसाइटी के गेट पर पहुँचने से पहले ही अचानक श्रीमती सुचित्रा सिंहल को कुछ याद आया। स्कूल की बस आने में अभी कुछ समय था। वे उलटे कदमों से वापस मुड़ीं, पाँचवीं मंजिल पर अपने फ्लैट का दरवाजा खोला, तेजी से किचन में गयी। फ्रिज से ब्रेड के तीन चार पीस निकाले, उन्हें छोटा-छोटा किया, एक छोटी-सी ट्रे में रखा और बालकनी का दरवाजा खोलकर खिड़की के नीचे बने छज्जे पर बिखेर दिया। छज्जे पर ब्रेड के टुकड़े बिखरते ही न जाने कहाँ से घात लगाये चार-पाँच कबूतर गुटरगूँ-गुटरगूँ करते उन ब्रेड के टुकड़ों पर टूट पड़े। श्रीमती सुचित्रा सिंहल को सन्तोष हुआ और वे वापस फ्लैट का दरवाजा बन्द कर लिफ्ट से नीचे उतर गयीं, तब तक उनके स्कूल की बस आ चुकी थी।

यह सिलसिला रोज का था। पर आज पता नहीं कैसे भूल गयीं। स्कूल के इम्तिहान का दबाव हो या फिर बेहतर परिणाम देने का दबाव हो। आज सुबह उठते ही उन्होंने कापियाँ जाँचने का काम शुरू कर दिया। इसी उधेड़बुन में आज वह कबूतरों को ब्रेड खिलना भूल गयी थीं।

यह सिलसिला कब शुरू हुआ, इसका उन्हें अन्दाजा तो नहीं है। बस इतना जरूर याद है कि एक दिन गैलरी में बैठकर चाय पीते वक्त टोस्ट के कुछ टुकड़े फर्श पर गिर गये, तो कुछ देर बाद एक कबूतर उन टुकड़ों पर गुटरगूँ करता उन्हें सुनाई दिया। उन्होंने इसे देखकर भी अनदेखा कर दिया। लेकिन अगले दिन उन्होंने देखा कि एक नहीं दो कबूतर टोस्ट के उन टुकड़ों पर जोर आजमाइश कर रहे हैं। तब भी उन्होंने इस पर कोई ध्यान नहीं दिया। लेकिन एक रविवार वाले दिन जब वह फुर्सत में थीं और स्कूल जाने की कोई जल्दी उन्हें नहीं थी, वह गैलरी में बैठी आराम से अखबार पढ़ रही थीं तो उन्होंने देखा कि तीन-चार कबूतर गैलरी के पास ही बने खिड़की के छज्जे पर बैठकर गुटरगूँ कर रहे हैं, गोया वे वहाँ से उठे तो गैलरी पर जो उनका सबेरे का नाश्ता बिखरा हुआ है, उसका स्वाद चखें। अनायास ही उन्हें गैलरी में कबूतर का ब्रेड खाना याद हो

आया। उन्होंने झटपट टोस्ट के बचे हुए टुकड़े उस छज्जे पर बिखेर दिये। सारे के सारे कबूतर टोस्ट के उन टुकड़ों पर टूट पड़े। तब से यह सिलसिला चल पड़ा।

यूँ देखा जाये तो मुम्बई का मौसम उदासी और वीरानी लिए हुए रहता है। कहने को तो यह शहर कभी सोता नहीं है, लेकिन हमेशा थका, उदास और परेशान रहता है। यहाँ की बारिश और धूप इस उदासी और परेशानी को और बढ़ा देती है। यूँ तो सुकून किसी भी शहर में नहीं है, लेकिन इस शहर में तो बिल्कुल भी नहीं है। देश के किसी भी शहर की हवा, धूप उस शहर के मौसम की ओर इशारा कर देती है। लेकिन इस शहर के मौसम के बारे में कोई अन्दाजा नहीं लगाया जा सकता। सर्दी यहाँ कम होते हुए पेड़ों की तरह सिमट गयी है और बारिश और तेज धूप इस शहर की लाइफ लाइन कही जाने वाली लोकल में लोगों के हुजूम की तरह बढ़ती गयी। सुबह भागमभाग और हड़बड़ाहट लिए हुए होती है। हर काम को मिनटों में निपटाए जाने का जुनून सवार होता है, किसी को लोकल पकड़नी है तो किसी को बस। काम की जगह में भी वही बेचैनी और हड़बड़ाहट, क्योंकि वापसी में फिर किसी को लोकल या बस पकड़नी होती है। ऐसे में सुकून के दो पल निकालना सुचित्रा सिंहल के लिए सुबह का ही वक्त होता था। रोज चाय के साथ टोस्ट लेते समय ब्रेड के टुकड़े कबूतरों के लिए रख दिये जाते थे। कबूतर गोया उसी पल का इन्तजार करते रहते और न जाने कहाँ छुपे रहते। जैसे ही ब्रेड के टुकड़े छज्जे पर पड़ते, पंख फड़फड़ाते हुए उन पर टूट पड़ते।

मुम्बई के बांद्रा इलाके में जिस जगह श्रीमती सुचित्रा सिंहल का घर था, उसके ठीक सामने एक विशालकाय इमारत बन रही थी। उस बनती हुई इमारत के शोर से सारे कौए, कबूतर व चिड़ियाँ इधर- उधर मँडराते रहते थे। अगले दिन सुबह सबेरे सुचित्रा सिंहल ने ब्रेड के टुकड़े बालकनी के छज्जे पर बिखेरे तो न जाने कहाँ से दो-तीन कबूतर उन टुकड़ों पर टूट पड़े। इससे पहले ये कबूतर आकाश में कहीं नहीं दिखाई दे रहे थे। पता नहीं कहाँ छुपे बैठे थे। शायद आस पास के फ्लैटों के छज्जों पर या फिर आकाश में उड़ते हुए। पर नजर उनकी इस छज्जे पर ही रही होगी, कब उनका खाना आये और कब वे उसका स्वाद चखें। सुचित्रा सिंहल को हैरानी भी होती थी कि वे दूर से कैसे ब्रेड के छोटे-छोटे टुकड़ों को देख लेते हैं।

श्रीमती सुचित्रा सिंहल ने गौर से देखा, हर कबूतर जल्दी-जल्दी ब्रेड खाना चाह रहा है। ब्रेड के टुकड़े उनकी चोंच के दबाव से उछल कर कुछ नीचे गिर जाते, कुछ दायें-बायें बिखर जाते थे। कबूतरों को इस बात की जल्दी थी कि

वह कम समय में कैसे ज्यादा से ज्यादा ब्रेड खा सकें। खाने के दौरान यदि कोई कबूतर किसी दूसरे कबूतर के खाने के पास भी आता तो वह कबूतर की गरदन पर अपनी चोंच मारकर दूर भगा देता। जो टुकड़े नीचे गिर जाते उसे चिड़ियाँ चुग लेतीं। चिड़ियाँ भी इन्तजार करतीं कि कब कोई टुकड़ा नीचे गिरे और वह उसे खा लें। यह चिड़ियाँ खाने के लिए इन कबूतरों के संघर्ष को देखती रहतीं। उन्हें पता था कि इन शक्तिशाली परिंदों के सामने उनका कोई अस्तित्व नहीं है। शायद उसे अपने कम शक्तिशाली होने का एहसास भी होता हो। या शायद वह अपनी ही दुनिया में बचा-खुचा पाकर ही अपने आप को सन्तुष्ट कर लेती हों। कभी कभी एक कौआ भी कबूतरों के आने से पहले ब्रेड के उन टुकड़ों पर अपना हाथ साफ करना चाहता, पर कबूतरों के झुंड को आते देख वह पहले ही उड़ान भर लेता। कबूतर उन ब्रेड के टुकड़ों पर अधिकार समझते थे और यह उन्हें बर्दाश्त नहीं था कि कोई उनके खाने में हिस्सेदारी करे।

यह सिलसिला रोज का था।

एक रविवार के दिन सुचित्रा सिंहल हड़बड़ा कर उठीं। घड़ी देखी आठ बज चुके थे, हालाँकि उन्हें उठने की कोई जल्दी न थी। लेकिन ड्राइंग रूम से आती खट-खट की आवाज से उनकी नींद शायद खुल गयी थी। ड्राइंग रूम में जाकर देखा, उन्हें कुछ समझ में नहीं आया कि आवाज कहाँ से आ रही है। बाहर दरवाजा खोलकर देखा, कहीं कोई आवाज नहीं थी। दरवाजे के बाहर अख़बार थे। उन्होंने वे अख़बार उठाकर अन्दर टेबल पर रख दिये। लेकिन वह आवाज आनी कम नहीं हुई। उन्होंने इधर-उधर देखा पर समझ में नहीं आया कि आवाज कहाँ से आ रही है। आवाज का आना बदस्तूर जारी था। अचानक उनकी नजर ड्राइंग रूम की खिड़की के नीचे लगे शीशे पर पड़ी। इस शीशे से आर-पार देखा जा सकता था। उन्होंने देखा कि एक कबूतर उस शीशे पर अपनी चोंच से खट-खट कर रहा था। और गुटरगूँ-गुटरगूँ कर रहा था। सुचित्रा सिंहल ने बालकनी का दरवाजा खोला तो वह कबूतर फड़फड़ा कर उड़ गया। सुचित्रा सिंहल को समझ में आ गया कि आज कबूतरों को ब्रेड खिलाने में देर हो गयी है। इसीलिए यह कबूतर अपना खाना माँग रहा है। खाना माँगने का उसने नायाब तरीका ढूँढ निकाला था।

सुचित्रा सिंहल और कबूतरों में यह सिलसिला चल पड़ा। उनके बीच की पहचान धीरे-धीरे विश्वास में बदल गयी। एक प्रकार का सम्बन्ध दोनों में बन गया। रोज सुबह गैलरी से उठने से पहले ब्रेड के छोटे-छोटे टुकड़े कबूतरों की जगह में बिखेर देना और पल में कबूतरों का वहाँ आ जाना। और फिर ब्रेड

खाकर कल फिर आने का वादा करके फुर्र से उड़ जाना। सुचित्रा सिंहल इन कबूतरों को ब्रेड के टुकड़े खिलाने में काफी सन्तोष महसूस करती थीं।

सुचित्रा सिंहल के दोनों बच्चे बड़े हो चुके थे। बेटा पढ़-लिखकर बैंगलोर में नामी-गिरामी आई.टी. कम्पनी में नौकरी करता था। बेटी अहमदाबाद में मैनेजमेंट की पढ़ाई कर रही थी। कभी-कभी वह कहती थीं कि बच्चों को इतना होनहार भी नहीं बनाना चाहिए कि जब उनकी जरूरत हो तब वे चले जायें। लेकिन फौरन ही अपने आप को सन्तुष्ट कर लेती थीं कि परिंदों के बच्चे भी बड़े होकर अपना घोंसला बना लेते हैं।

अगले दिन सुचित्रा सिंहल को सुबह पाँच बजे ही स्कूल जाना था बच्चों की पिकनिक लेकर। जाते समय उन्होंने अपने पति प्रमोद को हिदायत दी कि सुबह होते ही कबूतरों के लिए ब्रेड के टुकड़े जरूर डाल देना, इन्तजार करते रहते हैं।

"जरूर डाल दूँगा, तुम आराम से स्कूल की पिकनिक पर जाओ।" प्रमोद ने उन्हें आश्वस्त किया।

प्रमोद ने आश्वासन तो दे दिया था, पर वह ब्रेड के टुकड़े कबूतरों को डालना भूल गये। वे सुबह उठकर ड्राइंग रूम में बैठे अख़बार पढ़ ही रहे थे कि ड्राइंग रूम की खिड़की के नीचे वाले शीशे पर टक-टक की आवाज सुनाई दी। उन्होंने देखा कि एक कबूतर खिड़की के शीशे पर अपनी चोंच से टक्कर मार रहा है। वह शायद सुचित्रा सिंहल को बुला रहा था। तीन-चार कबूतर खिड़की के छज्जे पर बड़ी बेचैनी से टहल रहे थे। उन्हें फौरन कुछ याद आया। वे बहुत तेजी से उठे। रसोई से जाकर ब्रेड के दो-तीन पीस छोटे-छोटे टुकड़े करके खिड़की के छज्जे पर डाल दिये। उन्हें उम्मीद थी कबूतर उन टुकड़ों पर टूट पड़ेंगे, लेकिन ऐसा नहीं हुआ। बालकनी का दरवाजा खुलते ही सारे के सारे कबूतर फुर्र से उड़ गये। वे बड़ी देर तक बालकनी में खड़े रहे कि कबूतर वापस आयेंगे। लेकिन कबूतर वापस नहीं आये। कबूतर शायद सुचित्रा सिंहल के हाथों से अपना खाना लेना पसन्द करते हों। काफी देर तक ब्रेड के टुकड़े वहीं पड़े रहे।

आफिस जाते वक्त उन्होंने गैलरी का दरवाजा बन्द करना चाहा तो उन्होंने देखा कि दो-तीन कौए उन टुकड़ों पर अपना हाथ साफ कर रहे थे। उन्हें अपनी भूल का एहसास भी हो गया। हो सकता है कि कबूतर ब्रेड के टुकड़े खाने के लिए आये हों। लेकिन उनके रहते कबूतर वहाँ आने की हिम्मत न जुटा सके हों। एक तो देर बहुत हो चुकी थी, दूसरा किसी और परिंदे ने उनके नाश्ते पर अपना कब्जा जमा लिया था। शायद इसलिए कबूतर दोबारा नहीं आये। पर अगले

दिन प्रमोद वर्मा यह काम करना नहीं भूले। सुबह उठते ही सबसे पहले उन्होंने कबूतरों के लिए ब्रेड के टुकड़े बालकनी के छज्जे पर बिखेर दिये। कबूतर शायद इसी का इन्तजार कर रहे थे। पलक झपकते ही पाँच-छह कबूतर ब्रेड के टुकड़ों पर जोर आजमाइश कर रहे थे। उन्होंने बालकनी में से झाँक कर देखा-नीचे कुछ चिड़ियाँ बेचैनी से इस आशा में फुदक रही थीं कि शायद ब्रेड के टुकड़े नीचे भी गिरें। और उनकी आशा निर्मूल नहीं थी। कबूतर ब्रेड के टुकड़ों पर इतनी जोर से अपनी चोंच मारते कि उस टुकड़े का दस प्रतिशत हिस्सा ही उनकी चोंच में जाता। शेष उछल कर नीचे इन्तजार कर रही चिड़ियों का पेट भरता। प्रकृति का शायद यही नियम है कि केवल अपने लिए ही नहीं, दूसरे परिंदों के लिए भी खाना मुहैया कराना।

एक रोज श्रीमती सुचित्रा सिंहल के घर में उनकी बहन की बेटी आयी। उनके साथ तीन साल की छोटी-सी बिटिया किरण थी। जब रात बहुत हो गयी और वह सोने की बजाय खेल ही करती रही तो श्रीमती सुचित्रा सिंहल ने कहा, "अब सो जाओ, रात बहुत हो गयी है। कल सुबह हमारे घर में मेहमान आने वाले हैं। उनके साथ खेलना।"

"मेहमान, कौन-से मेहमान।" उसने अपनी तुतलाती आवाज में अपनी माँ से पूछा।

पर उसको भी पता नहीं था कि कौन-से मेहमान आने वाले हैं। उसने आँखों ही आँखों में सुचित्रा सिंहल से पूछा– कौन-से मेहमान।

"कबूतर..." सुचित्रा सिंहल ने जवाब दिया।

"कबूतर यानी..." उस छोटी-सी बच्ची ने सवाल किया।

"पिजन..." उसकी माँ ने उसे समझाने की कोशिश की।

"पर पिजन कैसे आ सकते हैं हमारे घर में। दरवाजे तो सब बन्द हैं।" उसने मायूस-सा सवाल किया।

"वो तुम्हें सुबह बताऊँगी, पर अब तुम सो जाओ।" सुचित्रा सिंहल ने कहा और बत्ती बन्द कर दी।

सुबह श्रीमती सुचित्रा सिंहल जरा जल्दी उठ गयी थीं। उनकी इच्छा थी कि जब कबूतर छज्जे पर आ जायें तभी वह किरण को उठाये और अपने रोज के मेहमानों से उनका परिचय कराये।

और वही हुआ।

जैसे श्रीमती सुचित्रा सिंहल ने ब्रेड के टुकड़े छज्जे पर बिखेरे, कबूतरों का झुंड उन टुकड़ों पर टूट पड़ा। श्रीमती सिंहल जल्दी से दूसरे कमरे में गयीं और

सो रही किरण को उठा के ले आयीं और कहा, "देख तेरे पिजन।"

किरण की हैरानी की कोई सीमा न थी। उसने इतने पास से किसी परिंदे को नहीं देखा था। यह उसके लिए सुखद अनुभव था। सुचित्रा सिंहल ने उसको बालकनी पर खड़ा कर दिया। किरण उन कबूतरों को देख खुश हो रही थी और तालियाँ बजा रही थी। जब ब्रेड के टुकड़े खत्म हो गये तो किरण ने कहा, "सब उड़ गये..."

"उड़ गये तो फिर आ जायेंगे।" सुचित्रा सिंहल ने कहा।

श्रीमती सुचित्रा सिंहल ने ब्रेड के कुछ और टुकड़े छज्जे पर बिखेर दिये। तीन-चार कबूतर फिर आ गये। किरण के लिए यह हैरान कर देने वाला मंजर था।

सुचित्रा सिंहल ने उसके हाथ में ब्रेड के टुकड़े दे दिये और कहा, "तुम भी खिलाओ।"

किरण ने भी ब्रेड के टुकड़े कबूतरों को देना शुरू किया। कबूतर गुटरगूँ करते और बड़े शौक से ब्रेड के टुकड़े खा रहे थे। आधा घंटा तक यह प्रसंग चलता रहा। किरण कबूतरों को ब्रेड खिलाती रही और कबूतर गुटरगूँ करते उसे खाते रहे।

एक बार आठ-दस दिनों के लिए सुचित्रा सिंहल को किसी शादी में दिल्ली जाना था। जाते जाते वह प्रमोद को हिदायत दे गयी थीं कि कबूतरों को ब्रेड खिलाना मत भूलना।

"नहीं भूलूँगा, तुम निश्चिन्त होकर शादी में जाओ।"

एक-दो दिन तक तो यह सिलसिला चला। प्रमोद ने सुचित्रा की तरह बालकनी के छज्जे पर ब्रेड के टुकड़े बिखेर दिये। कबूतर हमेशा की तरह गुटरगूँ करते आते और इत्मीनान से नाश्ता करके फुर्र से उड़ जाते।

पर अचानक प्रमोद को भी अपने दफ्तर के काम से कुछ दिनों के लिए बाहर जाना पड़ा। उसने सुचित्रा सिंहल को फोन पर बताया और चला गया।

अगले दिन कबूतरों को ब्रेड के टुकड़े खिलाने वाला कोई न था। उस दिन वे छज्जे पर आये भी नहीं। वे शायद दूर से ही घर में हो रही हलचलों को भाँप जाते थे। उस दिन उन्हें घर में कोई हलचल होती नहीं दिखाई दी। यह क्रम लगातार कई दिनों तक चलता रहा। केवल एक-दो कबूतर छज्जे पर आते। खिड़की के नीचे लगे शीशों पर अपनी चोंच मारते और बेचैनी से इधर-उधर टहलते रहते। जब उन्हें कुछ भी हलचल होती नहीं दिखाई देती तो वे निराश होकर उड़ जाते।

शादी से लौट कर अगले दिन जब सुचित्रा सिंहल ने दरवाजा खोला तो देखकर हैरान रह गयी कि खिड़की के नीचे की जाली पर बडे-बड़े छेद हो गये थे। कबूतरों ने अपनी चोंच से उस जाली में छेद कर दिये थे। शायद उनकी

अनुपस्थिति में कबूतरों ने उन्हें बुलाने के लिए खिड़की की जाली पर जोर-जोर से चोंच मारी होगी। वह मंजर देखकर वे निराश हो गयीं। स्कूल से लौटकर उन्होंने सबसे पहले बालकनी का दरवाजा खोला कि शायद उनकी गैरहाजिरी में कबूतर आयें। पर कबूतर नहीं आये थे। ब्रेड के टुकड़े ज्यों के त्यों बिखरे हुए थे।

अगले दिन, और फिर उससे अगले दिन भी उन्होंने कोशिश की, पर कबूतर नहीं आये। दो दिन तक लगातार कोशिश करने के बाद तीसरे दिन श्रीमती सुचित्रा सिंहल ने ब्रेड के टुकड़े बालकनी पर बिखेरे तो न जाने कहाँ से कबूतरों का झुंड उन टुकड़ों पर फड़फड़ाते हुए टूट पड़ा। इन कबूतरों को वापस बालकनी के छज्जे पर देखकर सुचित्रा सिंहल खुश हो गयीं। बहुत खुश।

सुबह-सवेरे

आज वो मुझे कई दिनों बाद सुबह-सुबह बाग में दिखाई दिये। बहुत तेज-तेज चल रहे थे। मैंने पीछे से आवाज दी तो रुककर मेरी ओर देखा और धीरे-धीरे चलना शुरू कर दिया ताकि मैं चलते-चलते उनके साथ आ जाऊँ।

अरुण रंजन वशिष्ठ नाम था उनका। पैंसठ साल के आसपास उनकी उम्र रही होगी। बाल पूरी तरह सफेद हो चुके थे। काफी समय पहले ही सरकारी नौकरी से मुक्त हो चुके थे और अब अपने आप को चुस्त और तंदुरुस्त रखने के लिए रोज सुबह बिना नागा छह बजे इस बाग में आ जाते। घड़ी देखकर तीस मिनट तेज-तेज चलते। कुछ एक्सरसाइज करते, अनुलोम-विलोम करते और थोड़ी देर पार्क की बेंच पर बैठकर दीन-दुनिया की बातें करते और सात बजने से पहले वे बाग से चले जाते। सात बजने के बाद एक मिनट भी रुकना उन्हें गवारा नहीं था।

मैं भी तेज-तेज चलते हुए उनके पास पहुँचा। मुझे देखते ही खुश हो गये।

"बहुत दिन बाद आज आप दिखे।" मैंने उनके पास पहुँच कर कहा।

"बस यूँ ही आ न सका।" उन्होंने धीरे से कहा।

"बस बहुत हो गया चलना। आइए, थोड़ी देर बैठ जाते हैं।" कहकर उन्होंने पार्क के एक कोने में रखी बैंचों की तरफ इशारा किया। तेज-तेज चलने से उनकी साँस फूल गयी थी।

फरवरी का महीना खत्म होने वाला था। बाग में धीरे-धीरे करके काफी लोग जमा हो गये थे। कुछ थुलथुल लोग आहिस्ता-आहिस्ता दौड़ कर अपने मोटापे को कम करने की जुगत कर रहे थे। कुछ लोगों के चलते समय उनके शरीर का दायाँ या बायाँ भाग एक तरफ झुक जाता था। शायद उनका वजन बहुत ज्यादा था। उन्हें डर था कि यदि वे रोज सुबह-सवेरे नहीं चलेंगे तो वे जल्दी ही खाट पकड़ लेंगे। खाट पकड़ने से हर आदमी खौफ खाता था, इसलिए लोग जैसे-तैसे

करके सुबह की सैर को जरूर आ जाते थे। सर्दी हो, गर्मी हो या फिर हल्की-सी बूँदा-बाँदी ही क्यों न हो, पर बाग में टहलने आते जरूर थे। वे किसी न किसी तरह अपने शरीर को चलाए रखना चाहते थे। इस उम्र तक पहुँचते-पहुँचते उन्हें अच्छी तरह इलहाम हो चुका था कि यदि रोज सैर नहीं करेंगे तो बीमारियाँ किसी बटालियन की तरह उन पर हमला पर बैंठेगी। बीमारियों से बचने के लिए ही वे सैर रूपी दवा लेते रहते थे। वैसे हर आदमी के शरीर में कोई न कोई बीमारी घर किये बैठी थी। किसी को गैस की प्रॉब्लम थी, तो कोई अपनी डायबिटीज से परेशान था, तो कोई घुटनों के या जोड़ों के दर्द को दूर करना चाहता था। बाग में टहलने वालों की बातचीत के केन्द्र में भी उनकी अपनी बीमारियाँ ही रहती थीं। सुबह-सवेरे बाग में कुछ लोग पूरब की ओर मुँह करके सूर्य नमस्कार कर रहे थे, तो कुछ लोग घास पर दरी बिछाकर योगासन कर रहे थे। हवा में ठंडक अभी भी मौजूद थी।

"कहाँ रहे इतने दिन, सुबह की सैर करने नहीं आये।" मैंने पूछा।

"अब आपको क्या बताऊँ, बच्चों से छुटकारा मिले तो आऊँ न!" उन्होंने ऐसे कहा गोया उन्हें बहुत पीड़ा हो रही हो।

"क्यों, बच्चे तो आपके बड़े हो गये हैं। अब तो आपको छुटकारा मिल जाना चाहिए।" मैंने कहा।

"पर उनके तो नहीं हुए न। उन्हें भी तो बड़ा करना है। अब इस उम्र में भी बच्चे पीछा नहीं छोड़ सकते। अरे भाई, हमने तुम लोगों को बड़ा कर दिया, अब तुम लोग अपने बच्चों को बड़ा करो। लेकिन नहीं...यह काम भी हमारे ऊपर छोड़ा हुआ है।" उनकी आवाज में उदासीनता झलक रही थी।

मैं चुप रहा। काफी दिनों से वे रोज मुझसे मिलते थे। हम लोगों की बातचीत ज्यादातर भ्रष्ट व्यवस्था, राजनीति और समाज में फैल रही अराजकता पर केन्द्रित होती थी। कभी अपने बच्चों के बारे में खुलकर उन्होंने मुझसे जिक्र नहीं किया। इतना मुझे जरूर पता था कि उनकी पत्नी का देहांत हो चुका है और वे अपने बेटे और बहू के साथ रह रहे हैं।

"ओह!" मैंने उनके प्रति सहानुभूति व्यक्त करते हुए कहा, "कुछ वक्त अपने लिए भी निकालिए।"

"यही तो हो नहीं पा रहा। सारा दिन बच्चों की देख-रेख में लगा रहता हूँ। कभी एक बच्चे को स्कूल छोड़ने जाना है, कभी दूसरे को डॉक्टर के पास लेकर जाना है। कभी बाजार जाना है तो कभी बैंक जाना है। अपने लिए तो समय ही नहीं निकलता।" उन्होंने मायूसी से कहा।

"फिर भी कुछ समय तो आप अपने लिए भी निकालिए। दुनिया देखिए, बहुत कुछ है दुनिया में देखने लायक। कभी-कभी समय निकालकर इस शहर से बाहर हो आया करिये।" मैंने कहा।

"यही तो हो नहीं रहा। चाहता तो मैं भी हूँ कि मैं लद्दाख की बर्फीली हवाओं में घूमने जाऊँ, राजस्थान की तपती रेत पर चलूँ, गोआ के समुंदरों में अठखेलियाँ करूँ, चेरापूँजी की बारिश में भीगूँ। लेकिन बच्चे पीछा छोड़ें तब न।" उन्होंने अपनी पीड़ा का बयान किया।

उनकी बात सुनकर मैं खामोश हो गया। यह उनका निहायत निजी मामला था। मैं क्या कहता, उन्होंने फिर कहा, "शहर से बाहर की बात तो दूर, मैं तो अपनी मर्जी से शहर के किसी सिनेमा हाल में फिल्म देखने भी नहीं जा सकता। सवेरे से शाम तक बच्चों के बच्चों की सेवा में लगा रहता हूँ।"

उनकी पीड़ा धीरे-धीरे सामने आ रही थी।

"आखिर बच्चे भी तो आपके ही हैं।" मैंने आहिस्ता से कहा।

"पर इसका यह मतलब तो नहीं है कि मैं बच्चों की देख-रेख के नाम पर उनकी सुपर-मेड, सर्वेंट बन कर रहूँ।" अचानक वे आवेश में आ गये।

"हाँ, ऐसा तो नहीं होना चाहिए, आपने बहुत कर लिया काम। अब आप अपने लिए जिएँ। आपने बच्चों को बड़ा कर दिया, अब वे अपने बच्चों को बड़ा करें, आप उन्हें सिर्फ गाइड करते रहें।" मैंने सलाह देने के अन्दाज में कहा।

"अब आपको क्या बताऊँ, मेरी तो अब जीने की इच्छा ही नहीं करती।" उन्होंने मायूसी से कहा। अचानक उन्होंने घड़ी देखी, सात बजने वाले थे।

कहने लगे, "अब चलता हूँ। संगीता को स्कूल छोड़ने का टाइम हो गया।" संगीता उनकी पोती का नाम था।

कहकर वे बैंच से उठे और धीरे-धीरे चलते-चलते बाग के गेट से बाहर आ गये।

अगले दो-तीन दिन तक मुझे वे बाग में नहीं मिले। अचानक चौथे दिन वे मुझे मिल गये। बाग की बैंच पर बैठे हुए अनुलोम-विलोम कर रहे थे। मुझे देखते ही खुश हो गये, गोया मेरा ही इन्तजार कर रहे हों। बोले, "आइये, आइये, पता है आज मैं मुँह अँधेरे ही बाग में आ गया था।"

"मुझे कैसे पता होगा। मैं तो अभी-अभी आ रहा हूँ।" मैंने कहा।

"पर मैं आज बहुत जल्दी आ गया, कौओं के उठने से पहले।" उनके स्वर में आज खुशी झलक रही थी।

"कौओं के उठने से पहले ही..." मैंने हैरानी से पूछा।

"हाँ, कौओं के उठने से पहले। आपको पता है कि कौआ सबसे पहले उठने वाला पक्षी है।"

"आपको कैसे पता?" मैंने सवाल किया।

"मुझे पता है। कौए का घोंसला पेड़ पर सबसे ऊपर होता है, इसलिए भोर की पहली किरण कौए के घोंसले पर पड़ती है। बाकी पक्षियों पर बाद में, इसलिए वे कौए के बाद में उठते हैं।"

मेरे लिए यह जानकारी दिलचस्प थी।

"पर आप तो कौए नहीं हैं, आप इतनी जल्दी कैसे उठ गये!" मैंने कहा।

"क्या बताऊँ आपको, रात दो बजे तक मैं जागता रहा।" उनकी आवाज से खुशी एकदम गायब हो गयी।

"क्यों...दो बजे तक क्यों जागते रहे।" मैंने पूछा।

''कल रात बेटा और बहू पिक्चर देखने गये थे और मुझे उनके आने पर गेट जो खोलना था।"

"तो आप सो जाते। जब वे आते तो उठ जाते।" मैंने कहा।

"सोता कैसे! यह कहकर गये थे कि बारह बजे तक आ जायेंगे। मैं उठ-उठ कर घड़ी देखता रहा, लेकिन आये–ढाई बजे... ढाई बजे! तब उसके बाद मुझे नींद ही नहीं आयी। सोने की बहुत कोशिश की पर सो न सका। एक बार सोने का टाइम निकल जाये तो नींद नहीं आती। बस इधर-उधर करवटें बदलता रहा। बार-बार उठ-उठ कर घड़ी देखता रहा। जैसे ही पाँच बजे, मैं उठ गया। एक कप चाय बनाकर पी और यहाँ आ गया।" उन्होंने जल्दी आने का कारण बताया।

मैं उनकी बात सुनता रहा। उन्होंने फिर कहा, "आज जब मैं आया, उस समय बाग में कोई नहीं था। आज मैं जूते उतार कर हरी घास पर काफी देर चलता रहा। हरी घास पर नंगे पैर चलने से बहुत फायदा होता है।"

"अच्छा! क्या फायदे होते हैं।" मैंने जानना चाहा।

"एक तो हरी घास पर सुबह-सवेरे चलने से पूरा शरीर एक्टिव रहता है और दूसरा हम अपने आप को नेचर से जुड़ा महसूस करते हैं।" उन्होंने खुश होकर कहा। फिर बोले, "दरअसल बात यह है कि कई दिनों से मेरे पैर में बहुत दर्द हो रहा है। डॉक्टरों ने स्टीरायड का इंजेक्शन लेने के लिए कहा, लेकिन मैं वह इंजेक्शन लेना नहीं चाहता।"

"क्यों, क्यों नहीं लेना चाहते।"

"उसके लेने से और बहुत दिक्कतें हो सकती हैं। मुझे एक हकीम ने कहा,

सुबह-सवेरे नंगे पैर हरी घास पर चला करो, दर्द अपने आप दूर हो जायेगा। इसलिए मैं जल्दी आ गया हूँ।" उन्होंने जल्दी आने का सही कारण बताते हुए कहा।

दरअसल अरुण रंजन वशिष्ठ बुढ़ापे की परिधि में आ चुके थे, लेकिन मानने को तैयार नहीं थे कि बुढ़ापा धीरे-धीरे उनके शरीर में समा रहा है। मुझे पता है कि उन्होंने अपनी दोनों आँखों का केटेरेक्ट का ऑपरेशन करवा लिया है। कुछ दाँत इम्प्लांट भी करवा रखे हैं। डायबिटीज के वे रोगी हैं, इसलिए सुबह-सवेरे बाग में सैर करना उनके लिए जरूरी था। डायबिटीज बढ़ न जाये, इसलिए करेले और जामुन के जूस से लेकर बाबा रामदेव के स्टोर की न जाने कौन-कौन सी दवाइयाँ लेते रहते हैं।

"सुबह-सवेरे घास में चलने से आराम मिला?" मैंने जानना चाहा।

"अब बुढ़ापा आ गया है तो कितना आराम मिलेगा।" उन्होंने अन्यमनस्कता से कहा।

"आप अभी से कैसे बूढ़े हो सकते हैं। आपने तो अभी तक बुढ़ापे की आहट भी नहीं सुनी। अभी तो आप केवल पैंसठ-सत्तर साल के ही होंगे।" मैंने कहा।

"पैंसठ।" उन्होंने फौरन मेरी बात का खंडन किया।

"हाँ-हाँ, पैंसठ ही सही। पुरुष तो साठ साल में भी जवान होते हैं। सुना नहीं आपने साठा सो पाठा।" मैंने उनको ढाढ़स बँधाते हुए कहा।

सूरज की लाल रोशनी बाग में धीरे-धीरे फैल रही थी। वे बार-बार घड़ी की ओर देख रहे थे। फिर कहने लगे, "अभी सात बजने में टाइम है। आइए थोड़ा टहल लें।"

हम दोनों बैंच से उठकर बाग में टहलने लगे। चलते-चलते उन्होंने कहा, ''आप बहुत भाग्यशाली हैं।"

मैं चौंक गया। समझ न सका कि वे क्या कहना चाहते हैं।

"मतलब...मैं समझा नहीं।" मैंने हैरानी से कहा।

"मेरा मतलब है भाभी जी आपके साथ हैं। आपको अन्दाजा नहीं कि इस उम्र में बिना पत्नी के जीवन कैसे जिया जाता है।" उनकी आवाज सहमी हुई थी।

मुझे पता था कि उनकी पत्नी का देहांत हुए एक अर्सा हो गया। कैंसर था उन्हें। एक से एक बेहतरीन इलाज करवाया उन्होंने। देश के नामी-गिरामी डॉक्टरों के पास गये। एक नहीं, कई-कई अस्पतालों में गये। आयुर्वेदिक से लेकर होम्योपैथी तक का इलाज भी उन्होंने करवाया। लेकिन वे अपनी पत्नी को बचा न सके।

वे जानते थे कि यह लाइलाज बीमारी एक दिन उन्हें अकेला छोड़ देगी। लेकिन उन्होंने आखिर तक पत्नी के ठीक होने की एक क्षीण-सी आशा को अपने सीने में बनाये रखा। इस चक्कर में उन्होंने अपनी गाँव की जमीन तक बेच दी। लेकिन इसका उन्हें कोई मलाल नहीं था। मलाल था तो सिर्फ इस बात का कि वे अपनी पत्नी को बचा न सके। एकदम अकेले हो चुके थे, लेकिन अपने अकेलेपन को कभी किसी पर जाहिर नहीं करते थे। आज पता नहीं क्यों उनका अकेलापन उनकी जबान पर आ गया।

"हाँ, वो तो है। जीवन की गाड़ी दोनों के साथ रहने से ही सुचारु रूप से चलती है। लेकिन एक साथ छोड़ जाये, उस पर किसी का वश तो नहीं।" मैंने उन्हें तसल्ली देते हुए कहा।

"क्या बताऊँ, जब से मेरी वाइफ की डैथ हुई है, तब से मुझे ऐसा लगता है कि गोया मेरा एक कन्धा ही टूट गया हो। वह होती तो बेटे-बहू के साथ तालमेल बिठा लेती, लेकिन अकेला पुरुष बेचारा क्या करे। उनके साथ कैसे तालमेल बिठाए।" अचानक उनकी आवाज में एक गुस्सा-सा आ गया।

यह उनकी दुखती रग थी। मैं कुछ नहीं बोला। अचानक उनके कदमों में तेजी आ गयी।

"अब बच्चों को भी तो आपका ही आसरा है।" मैंने ढाढ़स बँधाया।

"आसरा है वो तो ठीक है, पर कुछ हद तक तो उन्हें भी अपना काम खुद करना चाहिए। बत्तीस साल का हो गया है। कब तक मेरे आसरे बैठा रहेगा।" अपने बेटे के प्रति उनका गुस्सा बाहर आ गया था।

"क्या करता है आपका बेटा।" मुझे अन्दाजा तो था, लेकिन फिर भी मैंने पूछ लिया।

"नोएडा की सॉफ्टवेयर कम्पनी में काम करता है। सुबह आठ बजे चला जाता है और रात को ग्यारह बजे आता है।"

"और बहू...."

"वह एक एमएनसी कम्पनी में काम करती है। वह भी सुबह आठ बजे जाती है और रात को दस बजे आती है।" उन्होंने हिक़ारत से कहा।

"ओह, तब तो उनके बच्चों की सारी जिम्मेदारी आप पर आ गयी।" मैंने कहा।

"यही तो रोना है। ये दोनों जने ठाठ से नौकरी करें और मैं सारा दिन इनके बच्चों को सँभालता रहूँ।" उनकी हिक़ारत बरकरार थी।

"कोई सर्वेंट वगैरह नहीं रखा क्या?" मैंने कहा।

"हाँ रखा है, एक सर्वेंट है। वह आकर एक साल के बच्चे को देखती है।

लेकिन उतना ही काफी नहीं है। उस मेड पर हर वक्त मुझे नजर रखनी पड़ती है। रोज सुबह संगीता को स्कूल छोड़ने जाता हूँ और दोपहर को लेने जाता हूँ। कभी एक बच्चे को डॉक्टर के पास ले जाता हूँ तो कभी दूसरे को। कभी दवाइयाँ लाता हूँ। कभी घर का सौदा-सुल्फ लाता हूँ। कभी बहू की गाड़ी को मैकेनिक के पास लेकर जाता हूँ, तो कभी बेटे की गाड़ी को। उन दोनों के लिए शाम के खाने का इन्तजाम करके रखता हूँ। सुबह बेटे-बहू को खाना पैक करके देता हूँ और शाम को उन लोगों के लिए खाना बनवाकर रखता हूँ। मैं तो बच्चों की सुपर मेड बनकर रह गया हूँ और जिस दिन वह मेड नहीं आती, उस दिन का हाल मैं आपको बयान नहीं कर सकता। आप बताइये मैं कैसे अपने हिसाब से जीवन जिऊँ।" उन्होंने तल्खी से कहा।

"तो आप बच्चों को कहें कि आफिस के पास घर ले लें, ताकि आने जाने का समय बचेगा।" मैंने सलाह देने की कोशिश की।

"यही तो दिक्कत है। कितनी बार कह चुका हूँ लेकिन सुनते ही नहीं। कहते हैं हम चले गये तो आपका ख्याल कौन रखेगा। अरे भाई, मैं अपना ख्याल रख लूँगा। आप अपने बच्चों का तो ख्याल रखो। पर हकीकत तो यह है कि नये घर में जायेंगे तो घर का किराया देना पड़ेगा और बच्चों की सारी जिम्मेदारियाँ अकेले उठानी पड़ेंगी, जो वे नहीं चाहते और मुझे तो पापा-पापा कहकर सुपर मेड बना कर रखा हुआ है।" कहते-कहते वो बहुत आवेश में आ गये।

चलते हुए उन्होंने घड़ी देखी। सात बजने वाले थे। कहने लगे, "अब चलता हूँ सात बजने वाले हैं। संगीता को स्कूल छोड़ने का टाइम हो गया।"

कहकर वे बाग के गेट से बाहर निकल गये।

अगले दिन वे मुझे फिर बाग में मिल गये। मुझे देखते ही खुश हो गये। कहने लगे, "आज भी मैं कौओं के उठने से पहले आ गया।"

"कल रात को क्या फिर जागते रहे।" मैंने पूछा।

"नहीं, कल रात तो जल्दी सो गया। आठ बजे ही। कल शाम को ही बेटा अपनी ससुराल गया है। रात उसने वहीं रहना था। मुझे थोड़ा आराम मिल गया।" उन्होंने खुश होकर कहा।

"यह तो अच्छी बात है।" मैंने कहा।

"अच्छा, आप मेरा एक काम कर दीजिए।" अचानक उन्होंने कहा।

मैंने शंकित नजरों से उनकी ओर देखा, पर बोला कुछ नहीं।

"बोलिए करेंगे मेरा काम।" उन्होंने फिर कहा।

"हाँ-हाँ, जरूर करूँगा, आप काम तो बताइये।" मैंने कहा।

"सोच लीजिए, हाँ करने के बाद आपको मेरा काम करना पड़ेगा। आप अपने वायदे से मुकर न जाना।" उन्होंने मुस्कराते हुए कहा।

"आप कहिए तो।" मैंने जोर देकर कहा।

"आप ऊपर वाले से मेरे लिए प्रार्थना करिए कि मुझे जल्दी अपने पास बुला ले। मैं अब और जीना नहीं चाहता।" उन्होंने हँसते हुए कहा, लेकिन उनकी आवाज में एक दर्द था।

मैं सकते में आ गया। यह क्या कह रहे हैं!" अरे आप यह क्या कह रहे हो। ऐसा थोड़े ही न होता है।" मैंने कहा।

"आप यकीन मानिये, सच में मैं अब और जीना नहीं चाहता। पत्नी होती तो बात कुछ और होती। पर अब वाकई मैं जीना नहीं चाहता।" उन्होंने एक-एक शब्द पर जोर देते हुए कहा।

"ऐसा क्यों सोचते हैं आप।" मैंने सांत्वना देते हुए कहा।

"एक न एक दिन तो सबने जाना ही है।" उनके चेहरे पर विरक्ति का भाव आ गया।

"वो तो ठीक है, पर इसका यह मतलब तो नहीं है कि हम अभी से मृत्यु के बारे सोचने लगें। कबीर ने कहा है--हम न मरब मरिहैं संसारा।" मैंने उन्हें दिलासा देने की कोशिश की।

"आप ठीक कहते हो, पर पता नहीं क्यों, आजकल जो लोग इस दुनिया से चले गये, उनके चेहरे आँखों के सामने आ जाते हैं। रह-रहकर अपनी माँ का चेहरा याद आने लगता है। आपको मैंने शायद बताया होगा कि जब मैं बारह साल का था तब वह चली गयी। अक्सर अकेले चलते-चलते उनकी परछाईं मेरे साथ चलती रहती है। बहुत जी लिया, अब और जीने की इच्छा नहीं करती।" कहते-कहते उनकी आँखें नम हो आयीं।

"क्यों? क्यों इच्छा नहीं करती। बच्चों की वजह से..." मैंने कहा।

उन्होंने मेरी तरफ ध्यान से देखा, गोया कह रहे हों—आप सब जानते हो तो पूछ क्यों रहे हो।

"नहीं, बस अब जीने की इच्छा नहीं करती।" उन्होंने कहा।

"अभी से आप इस तरह क्यों सोचते हैं। अभी आपकी उम्र ही क्या है। आप तो सौ साल तक जीयेंगे।" मैंने कहा।

"नहीं, ऐसा मत कहिए। कभी-कभी अनजाने में कही गयी बात सच हो जाती है। मैं बिल्कुल लम्बी उम्र नहीं चाहता। मैं चाहता हूँ चलता-फिरता ही इस

जहाँ से कूच कर जाऊँ।" उन्होंने कहा।

"आजकल अस्सी-पच्चासी साल की उम्र चलते-फिरते रहने की उम्र होती है. आप तो इस उम्र से अभी बहुत दूर हैं।" मैंने कहा।

"वो तो ठीक है। पर एक उम्र के बाद जो एक अँधेरी गुफा आती है, मैं उस गुफा में जाने से बहुत डरता हूँ। अँधेरी गुफा में जाने का मतलब जानते हैं आप।" उन्होंने मुझसे पूछा।

"क्या?..." मैं जानना चाहता था कि वे किस अँधेरी गुफा की ओर इशारा कर रहे थे।

"अँधेरी गुफा में जाने का मतलब है दीन-दुनिया से कट जाना और दिन-रात अपनी खाट पर पड़े रहना। मैंने अपने फादर साहब को देखा है। पचानवें साल की उम्र में गये। इस उम्र तक पहुँचते- पहुँचते उनके सारे अंगों ने काम करना बन्द कर दिया था. आँखों से दिखाई नहीं देता था। कानों से सुनाई नहीं देता था। हमने उनके लिए व्हील चेयर मँगवा दी थी—उनकी खिदमत के लिए एक लड़का रख दिया था। जब उनकी इच्छा होती, वह लड़का उनके मुँह में खाना डाल देता। जब इच्छा होती, वह लड़का उन्हें बाथरूम ले जाता। दिमाग उनका एकदम एक्टिव था लेकिन शरीर, मन का साथ नहीं दे रहा था। आखिर में वो किस तरह जिए, मैं ही बता सकता हूँ। मैं उस उम्र तक जीना नहीं चाहता।"

कहते-कहते सुबह-सवेरे उनके चेहरे पर विषाद की रेखाएँ उभर आयीं।

"ऐसा सबके साथ नहीं होता। आप तो यह सोचिए कि अभी आपको जीवन में बहुत सारे काम करने हैं।" मैंने कहा।

"क्या काम करूँ। इस उम्र में मैं क्या काम कर सकता हूँ।" उनकी बात में आवेश था।

"कुछ भी करिये, अपनी मनपसन्द का कोई काम तलाश कर लीजिए। न हो तो किसी सरकारी स्कूल में जाकर बच्चों को कहानियाँ ही सुना आइए, स्कूल वाले भी खुश हो जायेंगे।" मैंने सलाह देने के अन्दाज में कहा।

"अब इस उम्र में..." उन्होंने हैरानी से कहा।

"हाँ, इस उम्र में भी। उम्र का इससे क्या लेना-देना। आपके आस पास अनेक ऐसे उदाहरण मिलेंगे, जिन्होंने साठ वर्ष के बाद ही जीवन में सार्थकता तलाशी है। महत्वपूर्ण आपकी उम्र नहीं, आपकी सक्रियता है, आपकी गतिशीलता है। आप जीवन में अपनी गतिशीलता को बनाये रखेंगे तो न जीने का विचार आपके जेहन में नहीं आयेगा।" मैंने कहा।

मेरी बात सुनकर वे चुपचाप चलते रहे। बोले कुछ नहीं।

उन्हें चुप देख मैंने फिर कहा, "आप निराश मत होइए, जीवन के प्रति उत्साह को बनाये रखिए। आपके मन में जो हताशा आ रही है, उसे दूर कर दीजिए। आप मेरी बात मानिए, आप अपने आप को बच्चों का सुपर मेड मत समझिए। अपने आपको ग्रांड फादर समझिए। आप ग्रांड फादर हैं उनके। बच्चों को अपनी इच्छा-अनिच्छा के बारे में बताइए। आजकल के बच्चे हमसे ज्यादा समझदार हैं। वे आपकी बात को समझेंगे और इस तरह के ख्याल मन में मत लाइए।"

मेरी बात सुनकर वे मुस्करा दिये। फिर कहने लगे, "जानते हैं आप कि मैं आपको क्यों पसन्द करता हूँ?"

"क्यों?" मैंने संशय से पूछा।

"इसलिए कि आप हमेशा अक्लमन्दी की बात करते हैं।" कहकर वे मुस्कराने लगे।

मैंने घड़ी देखी। सात से ज्यादा का वक्त हो गया था। "आज आपको संगीता को छोड़ने स्कूल नहीं जाना।" मैंने पूछा।

"नहीं, आज वह अपनी नानी के घर गयी है। उसके स्कूल की छुट्टी है।" उन्होंने कहा।

"तो इसका मतलब आज आपकी भी छुट्टी।" मैंने कहा।

"हाँ।" उनकी आवाज में खुशी थी।

बाग में सैर करने आये लोग धीरे-धीरे करके जा रहे थे।

"छोड़िए आप यह सब, आइए, बाग का एक चक्कर और लगाया जाये। सुबह-सवेरे रोज सैर किया करिए और खुश रहा करिए। भूल जाइए आपकी उम्र क्या है। देखिए इस वक्त हवा में कितनी ताजगी है।"

मैंने कहा और बैंच से उठकर बाग का चक्कर लगाने लगा।

वे भी मेरे साथ चलने लगे।

चलते-चलते उन्होंने कहा, "आपसे मिलकर बड़ी ताकत मिलती है मुझे।"

मैं चुप रहा। हम दोनों में से कोई कुछ नहीं बोला। बाग में सूरज की किरणें फैल चुकी थीं। सूरज काफी ऊपर आ चुका था। सूरज की किरणों में धीरे-धीरे गरमाहट आ रही थी।

हिसाब-किताब

कालोनी में आते ही हीरा के मन में उत्साह-सा आ गया था। त्योहार आने वाले थे और उसे उम्मीद थी कि आज पुराना सामान काफी मिल जायेगा। पिछले कई दिनों से कोई बहुत ज्यादा सामान उसे नहीं मिल पाया। दुकान का सेठ उसे हर रोज कहता कि इतनी रद्दी से काम नहीं चलेगा, ज्यादा लाया कर। इससे तो तेरी लारी का किराया भी नहीं बचता। कोशिश तो वह बहुत करता था, लेकिन जितनी रद्दी सेठ चाहता था, उतनी मिल नहीं पाती थी। एक तो बहुत सारे लोग लारी लेकर कालोनी में घूमते रहते थे और दूसरा लोग भी आनाकानी करने लगे थे। बड़ी हील-हुज्जत करते थे। पर आज उसे उम्मीद थी कि उसे ज्यादा रद्दी मिल जायेगी।

पतली टाँगें जिनमें उसने पायजामा पहन रखा था, पाँवों में रबड़ की चप्पलें। चेहरे पर लाचारी और उल्लास का मिला-जुला भाव। मजबूत जिस्म, साँवला रंग, जो राजस्थान के होने का आभास छोड़ता है।

राजस्थान के अलवर के पास के गाँव का रहने वाला था हीरा। गाँव में पानी नहीं था। सारे कुएँ और तालाब सूख गये थे। जानवर मर गये थे। जमीन बंजर हो गयी थी। और वह गाँव छोड़कर शहर आ गया था। शहर में सेठ के यहाँ काम करता था। सेठ ने उसे ठेला ले दिया था। काम उसका पुराने सामान को कॉलोनियों से ला-ला कर सेठ के गोदाम में जमा करना था। सेठ रोज लाये हुए सामान को तोलता था और उसके पैसे उसे दे देता था। पुराने सामान को लाने के लिए पहले पैसे उसे अपनी जेब से ही देने पड़ते थे।

सुबह के दस बज चुके थे। छुट्टी का दिन होने के कारण कालोनी में चहल-पहल शुरू हो चुकी थी। उसे उम्मीद थी कि इस कालोनी के दो-तीन घरों से भी उसे रद्दी मिल जाये तो उसका काम बन सकता था। इतना तो उसे पता था कि जब घर में खूब रद्दी इकट्ठी हो जाती है, तभी ये लोग बेचते हैं। नहीं तो ऐसे पड़ी रहती है। कितनी बार उसने देखा था पुराने अख़बार या तो पीछे के बरामदे में

बेतरतीब ढंग से पड़े रहते हैं या बारिश में भीगते रहते हैं, पर उसे बेचते नहीं। या किसी के स्टोर में रखे रहते हैं। अचानक किसी को याद आता है तो वह इन अखबारों को बेचने के बारे में सोचता है।

सूरज ऊपर आ चुका था और हवा गर्म होनी शुरू हो चुकी थी। कालोनी में बड़े-बड़े बँगले थे। दो मंजिला-तीन मंजिला। कई बँगलों के बाहर तो चौकीदार रहते थे। सड़क थी जिसके दोनों तरफ बड़ी-बड़ी गाड़ियाँ खड़ी रहती थीं। हीरा बहुत सँभल-सँभल कर अपने ठेले को सड़क पर चलाता था। कहीं किसी गाड़ी से टकरा जाये तो अलग से मुसीबत आ जाती थी। एक बार ऐसा हो चुका था। उसके ठेले का एक अगला पहिया एक बड़ी-सी गाड़ी की हैड लाइट से छू गया था। चौकीदार ने देख लिया था। दौड़ा-दौड़ा आया। गाड़ी को गौर से देखा था। यह तो शुक्र था कि गाड़ी की हैड लाइट टूटी नहीं थी। पर फिर भी उसने धमका दिया था, "देख के निकला कर।"

"कुछ हुआ थोड़े ही न है।" उसने प्रतिवाद किया था।

"कुछ होगा तभी देखेगा क्या...आयंदा इस तरफ आया तो टाँगें तोड़ दूँगा।" चौकीदार ने गरज कर कहा था।

वह कुछ बोला नहीं था और चुपचाप अपने ठेले को आगे खिसका कर वहाँ से चला आया था।

उसे पता था कि खूब सारे अख़बार यहाँ के हर बँगले में आते हैं। यह अख़बार वाले से उसने पता कर लिया था। पर यह लोग रद्दी देने में काफी न-नुकर करते थे। ये लोग कितने काइयाँ और चालाक हैं, इसका पता भी न चलता था। अपने काइयाँपन के चलते ही कुछ तो अपनी गाड़ी में रखकर सीधे ही दुकानदारों को दे आते थे। उन्हें लगता था कि ठेले वाले उन्हें लूट ले जाते हैं। दस किलो की रद्दी छह किलो ही तोलते हैं। कुछ लोग अपने घर में ही तोलने की मशीन रखते थे। कुछ लोग तो रद्दी बेचने से पहले ही अखबारों को तौल कर रख लेते थे। और रद्दी वाले को वजन सहित बता देते थे कि इतने किलो रद्दी है और कुछ लोगों ने तो यह गिन रखा था कि एक किलो में कितने अख़बार आते हैं। ऐसे लोग तो अख़बारों को तोलने भी नहीं देते थे। गिन कर कह देते थे कि इतने क़िलो है। तब कोई कितना भी इन्हें समझाने की कोशिश करे कि ऐसा नहीं होता पर यह नहीं सुनते। ऐसे में हीरा के लिए मुश्किल हो जाती थी। छोड़े तो मुसीबत, न छोड़े तो मुसीबत। एक बात इन लोगों ने पक्की तरह मन में बिठा ली थी कि रद्दी वाले इनको लूट कर ले जाते हैं। दिल जल कर राख हो जाता

था हीरा का, जब कभी कोई उससे यह कह देता कि क्यों लूट रहे हो। हमें भी पता है। इच्छा तो करती उससे कहे कि क्या लूट रहे हैं तुम्हारा। एक-दो पुराने अख़बार कम तुले हैं तो तुम लुट गये और तुमने जो बँगले खड़े कर लिए हैं, उसका क्या...लेकिन कभी कह नहीं पाता था। मन-ही-मन घुट कर रह जाता था। हाँ, कभी-कभी ऐसा भी होता था कि इन्हें उसकी जरूरत होती थी। जब घर की सफाई करानी हो या घर में शादी-ब्याह हो तो तब कालोनी के मेन गेट के चौकीदार को कह कर रखते थे कि कोई रद्दी वाला आये तो उसे रोक कर रखना। तब हीरा भी एक किलो को आठ सौ ग्राम कर देता था।

कालोनी में घुसते ही हीरा ने जोर से गुहार लगाई—पे...प...र...

हीरा की आवाज पूरी कालोनी में गूँज गयी और वापस आ गयी। हीरा ने चारों तरफ नजरें दौड़ाईं। कहीं कोई हलचल नहीं, कोई सुगबुगाहट नहीं। कोई दरवाजा नहीं खुला। किसी ने बाहर नहीं झाँका। किसी ने उसे रुकने के लिए नहीं कहा।

हीरा ठेला खिसकाते दो-तीन बँगलों से गुजरते हुए आगे आ गया। सड़क के दोनों तरफ बँगले थे। हीरा एक बँगले के दरवाजे पर कुछ पल के लिए रुका भी, लेकिन कोई आवाज नहीं। हीरा आगे बढ़ गया और फिर जोर से गुहार लगाई—पे...प...र...

इस बार हीरा की आवाज अपने बँगले के पौधों को पानी देते वीर प्रताप चौहान ने सुनी। मोटा-सा थुल-थुल सा चौहान। चौड़ा-सा मुँह। सर में गंजापन, कुर्ता और पायजामा पहने, आँख छोटी और तेज।

"अरे ओ भाई पेपर..." उन्होंने पुकारा। हीरा ने सुना तो पाँव रुक गये। आवाज पीछे छूट गये किसी बँगले से आ रही थी। हीरा ने पीछे मुड़कर देखा, वीर प्रताप उसकी तरफ देख रहे थे।

"हाँ साब..." उसकी आवाज में दयनीयता थी।

"इधर आओ...." वीर प्रताप ने आदेशात्मक स्वर में कहा। हीरा ने अपना ठेला उनके बँगले की ओर मोड़ दिया। बँगले के बाहर नेम प्लेट थी। जिस पर लिखा था वीर प्रताप चौहान। ये कौन हैं, यह कभी उसने जानने की कोशिश नहीं की; और जानकर भी क्या करता। उसे उम्मीद थी कि आज जरूर यहाँ से कुछ कमाई हो जायेगी। बँगले के पास पहुँचकर उसने देखा, वीर प्रताप चौहान उसकी तरफ देख रहे थे। "पिछली बार भी तुम्हीं आये थे रद्दी लेने।" वीर प्रताप चौहान ने उसकी ओर देखते हुए कहा।

"नहीं, मैं नहीं था मेरा भाई था।" हीरा ने झूठ ही कहा। उसे लगा कि यदि मैं कह दूँ नहीं मैं नहीं था तो पता नहीं जो पिछली बार आया था, उसी को देना चाहते हों और उसकी राह देख रहे हों। "वो कहाँ है।" उन्होंने पूछा, ''वो गाँव चला गया।"

"मुझे तो एक ही जैसे दिखते हो।"

"छोटा भाई जो है।"

"आजकल क्या भाव है पुराने अख़बारों का।" उन्होंने पूछा।

"छह रुपये किलो।'' हीरा ने बताया।

"छह रुपये...पर दुकान में नौ रुपये किलो है..." वीर सिंह ने हैरान होकर कहा।

"नहीं साहब, वहाँ भी यही भाव है।"

''अच्छा ठीक है, आओ।''

''चौहान ने कहा और हीरा को अपने बँगले के अन्दर ले गये। बँगले में एक महिला सोफे पर बैठकर टी.वी. देख रही थी। पचास-पचपन साल की उम्र। थुलथुल शरीर। बालों में मेहँदी। चेहरे में कालिमा। बड़ी-बड़ी आँखें। उनकी पत्नी थी। कमरे में कदम रखते ही चौहान ने कहा, "लो शान्ति, दे दो आज इसे रद्दी। कई दिनों से ढूँढ रही थीं न रद्दी वाले को। आज मिल गया है।" शान्ति ने अपने पति की तरफ देखा, गोया उन्हों ने कोई ऐसी बहादुरी का काम कर दिया हो जिसके लिए उन्हें मैडल दिया जाना हो। कहा, "बड़ा अच्छा किया इसे ले आये। बहुत रद्दी इकट्ठी हो गयी है। ढेर लग गया है। चींटियाँ और काकरोच अखबारों में रहने लगे हैं।" शान्ति ने कहा। फिर हीरा की तरफ देखा और कहा, "आजकल इधर आते नहीं हो?"

"नहीं मेम साहब, आते तो हैं पर चौकीदार बहुत परेशान करता है, आने नहीं देता।"

"अच्छा...खैर छोड़ो, आओ मेरे साथ।" शान्ति ने कहा।

हीरा ने अपना तराजू और बोरा हाथ में ले लिया और शान्ति के पीछे चलने लगा। शान्ति हीरा को बँगले के पिछले हिस्से में ले गयी। वहाँ बड़ा-सा बरामदा था। हीरा ने देखा अख़बारों का ढेर था वहाँ। खूब खुश हुआ। आज अच्छी-खासी कमाई हो जायेगी। उसने मन ही मन सोचा। "क्या भाव लगाओगे।" शान्ति ने पूछा। "जी, छह रुपये किलो।" हीरा ने बताया। "नहीं भाई, छह रुपये किलो तो कम है। आठ का भाव है।" उसने कहा, "नहीं मेम साब, छह रुपये किलो ही है।'' उसने कहा, "न आठ रुपये हैं। आठ रुपये किलो के हिसाब से ले जाना है तो ले जाओ नहीं तो छोड़ जाओ।" शान्ति ने धमकाने के अन्दाज में कहा।

हीरा सोचने लगा। क्या करे। छोड़े या ले जाये। भाव तो आठ रुपये नहीं है। पर रद्दी बहुत ज्यादा है।

"भाव तो यही है।" हीरा ने कहा।

तो तुम रहने दो। शान्ति ने हाथ से मना करते हुए चौहान से कहा, "किसी और को देखो, ये तो लूट रहा है।"

जल-भुन गया हीरा यह सुनकर। क्या लूट लेगा इनका। मुश्किल से रोटी नसीब हो रही है और ये कह रही है लूट रहा है...उसकी रगों में खून दौड़ने लगा। पर उसने अपने आप को संयत किया और कहा, "आजकल यही भाव चल रहा है मैडम।"

"नहीं भाई, यह भाव नहीं है। हमें पता नहीं क्या।" इस बार वीर प्रताप चौहान ने कहा। तब तक हीरा तराजू खोलकर तोलने के लिए बैठ गया। "आठ रुपये किलो के भाव से ले जाना है तो ले जाओ, नहीं तो जाओ।" शान्ति ने जोर से कहा। मुश्किल में पड़ गया हीरा। क्या करे। आठ रुपये तो किसी भी कीमत पर नहीं मिल सकते। वह खुद सात रुपये के भाव से तो अपने सेठ को देता है। तौल में जो गड़बड़ी करता है, उतना ही उसे मिलता है। छोड़े तो मुश्किल, ले जाये तो मुश्किल। आँखों ही आँखों से उसने अन्दाज लगाया कम से कम सत्तर-अस्सी किलो तो रद्दी होगी ही। "चलो सात रुपये के भाव से तोल लो।" शान्ति ने निर्णायक स्वर में कहा। सात रुपये...सात रुपये इनको दे देगा तो उसे क्या बचेगा। वह सोचने लगा। सेठ का तकादा उसे याद आ गया कि ज्यादा रद्दी लाया कर। दस-बीस किलो से काम नहीं चलेगा। आज ज्यादा मिल रही थी, तो पैसे ज्यादा माँग रहे थे। क्या करे और क्या न करे। "अच्छा ठीक है, आपकी बात सही।" उसने कहा। "हाँ ठीक है।" शान्ति ने कहा। हीरा बहुत खुश तो नहीं हुआ।

"तुम तब तक अख़बारों को करीने से लगाओ, मैं तोलने वाली मशीन लेकर आती हूँ।" शान्ति ने कहा।

"तोलने वाली मशीन..." हैरान रह गया हीरा।

"हाँ, तोलने वाली मशीन। तुम लोग तोल में बहुत गड़बड़ करते हो। हमारे पास मशीन है तोलने वाली। लेकर आती हूँ।" शान्ति ने कहा और दूसरे कमरे में चली गयी। हीरा फैली हुई अख़बारों को ठीक करने लगा।

थोड़ी देर में उसने अख़बारों को ठीक करके एक ढेर-सा बना दिया था। शान्ति एक छोटी-सी मशीन लेकर आ गयी, "लो इसमें तोलो।"

शान्ति ने वह मशीन वहीं अख़बारों के पास फर्श पर रख दी और खुद वहीं कुर्सी पर बैठ गयी। "यह तो इसमें भी गड़बड़ी कर सकता है। मैं खुद ही तोल

देता हूँ।" वीर प्रताप चौहान ने कहा और शान्ति के हाथ से मशीन ले ली। हीरा ने देखा, छोटी-सी मशीन थी। वजन तोलने वाली। "चल रख सारे अख़बार इसके ऊपर।" वीर प्रताप ने आदेशात्मक स्वर में कहा। हीरा ने अख़बारों के ढेर में से कुछ अख़बार उस मशीन पर रखने चाहे तो शान्ति ने कहा, "सारे अख़बारों को एक साथ ही रख दो।" हीरा ने सारे अख़बारों को एक रस्सी से बाँधा और उठाकर मशीन पर रख दिया। वजन देखा—सौ किलो।

हैरान रह गया। उसे लगा कि वजन कम होना चाहिए था, पर मशीन तो सौ किलो ही बता रही थी। वह कुछ कहना चाहता था, लेकिन कह नहीं पाया।

"लाओ भाई, सौ किलो के पैसे लाओ।" वीर प्रताप ने कहा। हीरा ने झुककर देखा—सौ किलो। उसके हिसाब से तो सत्तर-अस्सी किलो से ज्यादा नहीं होनी चाहिए थी। सौ किलो तो नहीं हो सकता। कहीं इनकी मशीन में तो गड़बड़ नहीं है। पर वह कैसे कह दे कि मशीन ज्यादा वजन बता रही है। मन मसोस कर रह गया। उसने जेब से पैसे निकाले और सात रुपये किलो के हिसाब से गिन कर चौहान को दे दिये। उसे लग रहा था कि इन लोगों ने उसके साथ बेईमानी की है। एक तो भाव ज्यादा ले लिया और दूसरा तोल में भी गड़बड़ी की है। यकीनन इनकी मशीन खराब है या इन्होंने ज्यादा वजन बताने के लिए मशीन के काँटे में कुछ गड़बड़ी की है। पर क्या गड़बड़ी है, यह वह पकड़ नहीं पा रहा था। जब अख़बारों से भरे बोरे को उठाया तब भी उसे लगा कि इसका वजन सौ से कम है, पर अब वह क्या करे, दुकान में कम निकला भी तो क्या...यहाँ तो उसके पैसे चले ही जायेंगे। मन में इरादा आया कि छोड़ दे इसको, पर फिर कुछ सोच कर रुक गया। अखबारों से भरी बोरी को उठाकर जब वह गेट पर आया तो उसने पूछा—

"कोई पुरानी बाल्टियाँ तो नहीं हैं।

''नहीं, अभी नहीं हैं।" शान्ति ने कहा।

"हो तो बताना।" हीरा ने कहा और अख़बार उठाकर बाहर आ गया।

वह अख़बार उठा ही रहा था कि शान्ति ने चौहान से कहा, "कल शाम से घर में बदबू आ रही है। कोई चूहा-वूहा तो नहीं मर गया।" लग तो चौहान को भी रहा था कि कल शाम से घर में बदबू आ रही है।

"नहीं, ऐसा कुछ नहीं है। अख़बारों की बदबू ही आ रही होगी।" वीर प्रताप ने कहा।

पर बदबू थी। शाम तक चौहान और शान्ति का बँगले में बैठना दूभर हो गया था। हालाँकि वीर प्रताप चौहान ने कमरों में रिफरैशर छिड़क दिया था, पर

उससे बदबू दब नहीं रही थी। बढ़ती जा रही थी। शाम तक पूरा बँगला बदबू से भर गया था। दोनों के लिए कमरे में बैठना मुश्किल हो गया था। मुझे लगता है कोई चूहा मर गया है। बहुत तेज बदबू आ रही है। शान्ति ने मुँह पर रूमाल रखते हुए कहा, "हाँ, पर कहाँ मरा है।"

वीर सिंह चौहान ने भी मुँह पर कपड़ा लपेट लिया था।

"शायद किसी अलमारी के पीछे या स्टोर रूम में।" शान्ति ने आशंका व्यक्त की।

"पर किस अलमारी के नीचे। यही तो पता ही नहीं चल रहा।" वीर सिंह चौहान और शान्ति ने मुँह पर कपड़ा लपेटा और पूरे बँगले का एक-एक कोना छान मारा। पर पता नहीं चल सका कि बदबू कहाँ से आ रही है।

"मुझे लगता है कि इस शो केस के पीछे से ज्यादा आ रही है।" शान्ति ने मुँह पर कपड़ा लपेटे-लपेटे ड्राइंग रूम में रखे बड़े-से शो केस के पीछे झाँकते हुए कहा।

उसने देखा कि शो केस के पीछे बदबू का भभका-सा उठ रहा था। कुछ चींटियाँ भी उसने शो केस के नीचे के फर्श पर देखी थीं। चींटियों को देखकर उसे पक्का यकीन हो गया था कि चूहा शो केस के पीछे ही मरा पड़ा है। "लगता है कि इस शो केस के पीछे ही चूहा मर गया है।"

वीर प्रताप ने शो केस के पीछे झाँककर देखा, वाकई बदबू वहीं से आ रही थी। शो केस के पीछे झाँकने की कोशिश की, उबकाई-सी आ गयी।

"यहीं मरा पड़ा है। बहुत बदबू है।" उन्होंने कहा और शो केस से दूर चले गये।

"बिल्कुल खड़ा नहीं हुआ जा सकता यहाँ पर।'' कहकर शान्ति जी बँगले के ड्राइंग रूम से बाहर लान में आ गयीं। पीछे-पीछे वीर प्रताप भी चले आये। दोनों लान में रखी कुर्सी पर बैठ गये। चूहे को कैसे निकालें, एक विराट सवाल उनके सामने आ खड़ा हुआ था। इतना भारी शो केस है कि हिल भी नहीं सकता। वीर प्रताप ने कहा, "बड़ी मुश्किल है। कमरे में तो बैठा भी नहीं जा सकता।" शान्ति ने बदबू से परेशान होकर कहा, "बहुत बदबू है।"

"किसी को ढूँढ़ कर लाओ जो चूहे को निकाले।"

"अब शाम को कौन मिलेगा। कल सुबह ही देखेंगे।"

"कल सुबह..." शान्ति ने घबराते हुए कहा, "तो रात को कैसे सो सकेंगे। कमरे में तो बैठा ही नहीं जा रहा।" उसने अपनी चिन्ता सामने रखी।

"किसी दूसरे कमरे में सो जायेंगे।"

"पर कल तक बदबू तो पूरे घर में फैल जायेगी।"

बात तो ठीक थी। पूरे बँगले में मरे हुए चूहे की बदबू फैली हुई थी। इस बदबू को मिटाना होगा। मरे हुए चूहे को निकालना होगा। वीर प्रताप चौहान ने सोचा, "अच्छा देखता हूँ। चौकीदार को लेकर आता हूँ। वह शो केस को खिसका कर चूहे को निकाल देगा।" वीर प्रताप सिंह ने हल सुझाया और उठकर बँगले से बाहर जाने लगे।

शाम हो चुकी थी। पर गर्म हवा का एहसास अभी भी था। वे पैदल चलते-चलते चौकीदार के पास पहुँच गये। चौकीदार एक स्टूल पर बैठा हुआ था। उसने दूर से देख लिया था कि वीर प्रताप चौहान उसकी तरफ आ रहे हैं। वह अपनी कुर्सी से उठा नहीं। कुछ चिढ़ता था वह उनसे। दो-तीन बार वीर प्रताप सिंह उसकी शिकायत कर चुके थे कि वह लोगों के घरों का काम करता रहता है। अपनी ड्यूटी पर नहीं रहता। वीर प्रताप चलते-चलते उसके पास पहुँच गये और उससे कहा, "क्या कर रहे हो।"

"कुछ नहीं साब, बस बैठे हैं।" चौकीदार ने लापरवाही से जवाब दिया।

"छोटा-सा काम है तुमसे।" उनके स्वर में चापलूसी आ गयी।

"हाँ कहिए।"

"घर में एक अलमारी खिसकानी है।" उन्होंने कहा। उन्होंने चौकीदार को यह नहीं बताया कि घर में चूहा मरा हुआ है। सोचा उन्होंने, बता दूँगा तो आने से मना कर देगा।

"नहीं साहब, हम गेट छोड़कर नहीं जा सकते। मना किया हुआ है हमको।" चौकीदार ने अक्खड़ता से कहा।

"कोई ज्यादा टाइम थोड़ी न लगेगा। दस-बीस ले लेना।" वीर सिंह ने चौकीदार को लालच दिया।

"सवाल दस-बीस का नहीं है। हम जा ही नहीं सकते साब गेट छोड़कर।" चौकीदार की अक्खड़ता बरकरार थी।

"अजीब आदमी हो तुम।" उन्होंने गुस्से में कहा और वहाँ से चले गये कालोनी के बाहर। कॉलोनी के बाहर यह सोचकर आ गये कि सड़क के किनारे कुछ रिक्शे वाले खड़े रहते हैं। वहाँ से किसी को लेकर आते हैं।

"साब...।" वह अभी कुछ ही दूर आये थे कि पीछे से आवाज आयी। उन्होंने पीछे मुड़कर देखा, चौकीदार उन्हें बुला रहा था। "क्या है..." उन्होंने आवाज ऊँची करके पूछा।

"इसे ले जाइए, यह आपका काम कर देगा।" चौकीदार ने ऊँची आवाज में कहा।

उन्होंने देखा, चौकीदार के पास एक ठेले वाला खड़ा है और चौकीदार उससे कुछ कह रहा है। वह वापस चौकीदार के पास चले गये। अरे, यह तो वही है जो आज सुबह उनके घर से पुराने अख़बार ले गया था। उन्होंने ठेले वाले की ओर देखते हुए सोचा।

"तुम..." उन्होंने हैरानी से कहा।

"हाँ, साब, यह आपकी अलमारी खिसका देगा और जो ठीक समझो दे देना।" चौकीदार ने उनसे कहा।

खुश हो गये वीर प्रताप चौहान।

"चलो..." उन्होंने हीरा से कहा। हीरा ने देखा कि ये तो वही महाशय हैं, जिन्होंने सुबह तोल में गड़बड़ी की थी। उसने जब दुकान में रद्दी को तुलवाया था तो अस्सी किलो थी। यानी इन्होंने बीस किलो के पैसे ज्यादा लिए थे और मोल-भाव किया सो अलग। एक गुस्सा सा था हीरा के मन में। पर कुछ कर नहीं सकता था। यह सोचकर वह गम पी गया कि आज घाटा ही सही।

"काम क्या है साब।" चलने से पहले हीरा ने पूछा।

"कुछ खास नहीं है। एक शो केस खिसकाना है।" वीर प्रताप ने कहा।

"शो केस खिसकाना है..." हीरा ने हैरान होकर पूछा।

"हाँ, शो केस खिसकाना है, बस, ज्यादा देर नहीं लगेगी।" उन्होंने कहा।

"तो साब पैसे लगेंगे।" हीरा ने अक्खड़ता से कहा।

"कितने पैसे लोगे। शो केस खिसकाने के। कोई पहाड़ थोड़े ही न खिसकाना है।" उन्होंने आवाज में मिश्री घोलते हुए कहा।

''यह तो काम देखने पर ही बताऊँगा।'' हीरा ने कहा।

हीरा ने मन ही मन ठान लिया था कि हो सका तो सुबह का हिसाब पूरा करके ही रहेगा। ''अच्छा ठीक है। चलो तो सही।'' उन्होंने कहा और अपने दायें हाथ से हीरा को चलने का इशारा किया।

"चलो..." हीरा ने कहा और उनके पीछे-पीछे चलने लगा। बँगले में पहुँच कर हीरा ने देखा कि शान्ति जी बँगले के बाहर बेचैनी से टहल रही हैं।' गोया बँगले के अन्दर गयीं तो उनका दम घुट जायेगा। वीर प्रताप को देखते ही खुश हो गयीं—"मिला कोई।" उन्होंने बेचैनी से पूछा।

"हाँ, यह मिल गया है..." वीर प्रताप ने हीरा की तरफ इशारा करते हुए कहा।

शान्ति ने देखा कि अरे यह तो वही रद्दी वाला है जो सुबह उनके यहाँ से रद्दी ले गया था। वह खुश हो गयीं। ''आओ बेटा...'' अचानक उसका स्वर बदल गया।

"बेटा..." हीरा चौंक गया सुनकर। क्या बात है, उसने भाँपने की कोशिश की। पर समझ न सका। कहीं फिर तो वह नहीं ठगा जायेगा। नहीं, इस बार ऐसा कुछ नहीं होगा, उसे पूरे पैसे मिलेंगे तभी वह काम करेगा नहीं तो नहीं... उसने मन ही मन ठान लिया।

शान्ति उसे बँगले के ड्राइंग रूम में ले गयी। हीरा ने देखा ड्राइंग रूम में बदबू ही बदबू थी। इतनी बदबू कि कदम रखना मुश्किल था। समझ नहीं सका था कि माजरा क्या है। वीर प्रताप और शान्ति उसके पीछे ड्राइंग रूम के दरवाजे पर ही खड़े थे, अन्दर नहीं आये थे। ड्राइंग रूम के दरवाजे में खड़े-खड़े ही शान्ति ने सामने रखे शो केस की ओर इशारा करते हुए कहा, ''देखो बेटा, वो जो शो-केस है, उसके पीछे चूहा मरा हुआ है। शो-केस को थोड़ा-सा खिसका कर मरा हुआ चूहा निकालना है।''

हीरा को सारा माजरा समझ में आ गया। इनके बँगले में चूहा मर गया है। सुबह जब वह ड्राइंग रूम से गुजरकर पीछे वाले बरामदे में जा रहा था तब भी उसे थोड़ी बदबू लगी थी, पर उसने ध्यान नहीं दिया था। पर इस समय वह बदबू बहुत तेज हो गयी थी और पूरे बँगले में छा गयी थी। बदबू से ये परेशान हैं और बदबू से छुटकारा दिलाने के लिए शो केस को खिसकाना जरूरी है और ये दोनों बूढ़े मिलकर भी शो केस को हिला नहीं सकते। यह काम वही कर सकता है। उसे याद है सुबह का मोल-भाव। इनका अपनी मशीन से रद्दी को ज्यादा तोलना, उसका घाटा होना। मन ही मन हीरा मुस्करा उठा। सुबह की कसर अब वह पूरी करेगा।

''ठीक है हो जायेगा।'' उसने जोश में कहा।

''शाबाश बेटा...लो यह कपड़ा मुँह पर बाँध लो।'' वीर प्रताप ने एक कपड़ा हीरा को देते हुए कहा।

''नहीं, इसकी कोई जरूरत नहीं।'' हीरा ने कपड़ा लेने से मना कर दिया।

''तो लो, यह झाडू ले लो इससे चूहा निकालने में आसानी होगी।'' शान्ति ने एक झाडू देते हुए कहा।

''नहीं, इसकी भी कोई जरूरत नहीं है।'' हीरा ने झाडू लेने से मना कर दिया।

''तो क्या हाथ से ही उठा लोगे।'' वीर प्रताप ने पूछा।

''हाँ, उठा लूँगा।'' उसने दबंग होकर कहा।

''तो ठीक है, शो केस धीरे से खिसकाना।'' वीर प्रताप ने कहा। ''पर पाँच सौ रुपये लगेंगे सेठ....।'' हीरा ने अक्खड़ता से कहा।

"क्या...पाँच सौ रुपये..." वीर प्रताप और शान्ति दोनों चौंक गये, गोया मरा हुआ चूहा उनके सर पर आ गिरा हो।

''हाँ सेठ, पाँच सौ रुपये। काम कराना है तो बोलो।'' हीरा ने दृढ़ता से कहा और वहीं खड़ा रहा। वह जान चुका था कि यह काम वही कर सकता है। इस समय इन्हें कोई दूसरा आदमी नहीं मिलेगा। बदबू इतनी ज्यादा थी कि यह एक मिनट भी कमरे में बैठ नहीं सकते थे और रात होने वाली थी।

''दिमाग तो तुम्हारा ठीक है जरा से काम के लिए पाँच सौ रुपये।'' वीर प्रताप ने कहा।

''देखे हैं कभी तुमने पाँच सौ रुपये।'' शान्ति ने कहा।

''आपकी मर्जी।'' हीरा ने कहा और वापस जाने के लिए मुड़ गया।

हीरा को इस तरह पलट कर जाते देख कर दोनों घबरा गये। उन्हें लगा कि यदि यह चला गया तो दूसरा आज तो कोई नहीं आयेगा। रात काटनी मुश्किल हो जायेगी। और कोई गारंटी नहीं कि कल सुबह भी कोई मिल जाये। वैसे भी इस कालोनी में बाहर के लोगों को आने नहीं देते।

''कुछ सोच कर बोलो भाई।'' वीर सिंह ने मीठी आवाज में कहा।

''सोच लिया सेठ, पाँच सौ रुपये। न एक रुपया कम न एक रुपया ज्यादा।'' हीरा ने अक्खड़ता से कहा।

अजीब साँसत में फँस गये थे। वीर सिंह चौहान और शान्ति चौहान। पाँच सौ रुपये बहुत ज्यादा थे। बदबू खत्म न हुई तो रात-भर सो न सकेंगे और मरे हुए चूहे की बदबू से साँस लेने में तकलीफ हो सकती है। फेफड़े खराब हो सकते हैं। और न जाने क्या-क्या हो सकता है। ...वे दोनों भीतर तक डर-से गये थे।

''दो सौ रुपये ले लेना।'' वीर प्रताप चौहान ने आखिरी अस्त्र चलाया।

''नहीं सेठ, एक पैसा कम नहीं। पूरे के पूरे पाँच सौ रुपये और वह भी काम शुरू होने से पहले हीरा'' की अक्खड़ता बरकरार थी। उसने तय कर लिया था जब तक पैसे उसके हाथ में नहीं आयेंगे, वह काम शुरू नहीं करेगा। कुछ देर तक चुप्पी छाई रही। वीर प्रताप सिंह ने पहले हीरा की तरफ देखा, फिर अपनी पत्नी शान्ति चौहान की तरफ देखा।

"फैंको इसके मुँह पर पाँच सौ रुपये। घर तो साफ कराओ।" शान्ति चौहान ने आदेशात्मक स्वर में कहा।

हीरा खुश हो गया। हँसने की इच्छा हुई, लेकिन दबा गया, यह उसकी जीत थी। उसका सुबह का हिसाब-किताब बराबर हो चुका था।

❑❑